COMMANDANT SILA

# UN MARIAGE D'OFFICIER

## Edifiante histoire d'un guet-apens

> Le vrai peut quelquefois
> n'être pas vraisemblable.
>
> BOILEAU

LA ROCHE-SUR-YON

IMPRIMERIE CENTRALE DE L'OUEST

56-60, RUE DE SAUMUR, 56-60

—

1910

# UN MARIAGE D'OFFICIER

COMMANDANT SILA

# UN MARIAGE D'OFFICIER

*Edifiante histoire d'un guet-apens*

Le vrai peut quelquefois
n'être pas vraisemblable.

BOILEAU

LA ROCHE-SUR-YON

IMPRIMERIE CENTRALE DE L'OUEST

56-60, RUE DE SAUMUR, 56-60

—

1910

A MON AMI

## CHARLES BEAUMONT

Homme de Lettres.

C'est au cours de nos promenades solitaires au bord de la mer, dont la plainte mélancolique, si douce et si chère aux affligés, a, de son sanglot éternel, bercé et calmé tant de chagrins et de souffrances, que je vous ai parlé de mes malheurs.

Vous m'avez prêté une oreille attentive et votre droiture a eu peine à concevoir les machinations dont j'ai été victime.

Pour en mieux juger, vous m'avez demandé le récit d'une infortune qui vous a touché.

Afin de justifier un sentiment aussi honorable pour vous que pour moi, je viens vous révéler le plus funeste enchaînement de calamités qui puisse accabler une existence humaine.

Ces confidences pourraient, tout aussi bien,

1

s'appeler une confession, puisque ce mot implique la faute et que j'ai été presque aussi coupable, hélas! que malheureux..

Puisse donc cette confession me valoir l'indulgence de mon ami le plus cher et me réconcilier avec moi-même, en m'apportant un pardon que mon incurable désespoir se refuse à m'accorder.....

Ah! pût aussi mon indicible repentir me mériter le pardon plus précieux encore de celle dont la perte m'a été plus cruelle que la mort et dont j'ai cherché l'oubli dans les flots....

Depuis plus d'un tiers de siècle, je porte, dressé dans mon souvenir comme un spectre inexorable, un remords implacable et rongeur. Allégé de ce cauchemar, j'entrerais avec plus de sérénité dans la paix prochaine du tombeau.

Votre ami,

J. SILA.

# CHAPITRE PREMIER

## ENFANCE HEUREUSE

Toute jeune fille et presque encore une enfant, mais forte, intelligente et sensée, ma mère fut placée comme gouvernante chez un de ses parents, M. Lenoël, notaire à Carentan (Manche).

Deux garçonnets lui furent confiés auxquels, tout en s'associant à leurs jeux, elle donna les premières leçons. Dès qu'ils surent un peu lire, écrire et compter, ils allèrent, conduits par elle, au petit collège de la ville. Surveillant leurs devoirs, éveillant et partageant leur émulation, elle sut les maintenir à la tête de leur classe.

Mme Lenoël, toujours malade, se reposant sur sa jeune compagne du soin de son intérieur, celle-ci, jalouse de cette confiance, savait la mériter.

Sa maîtresse morte, les orphelins trouvèrent en elle une autre mère. Par sa diligente activité, sa tendre sollicitude, sa grâce native, sa gaieté communicative et souriante, elle adoucit à la famille affligée sa perte cruelle et fut le bon ange de ce foyer désolé.

Devenus jeunes gens, ses élèves entrèrent au Collège de Saint-Lô où, grâce aux habitudes d'ordre et de travail qu'elle leur avait données, ils obtinrent de grands succès. L'un d'eux devint brillant avocat, éminent jurisconsulte, député, sénateur et préfet de la Manche. Sa présence n'étant plus nécessaire dans la maison dont, pendant des années, elle avait été l'âme, ma mère, à peine âgée de vingt ans, la quitta pour se marier.

Largement dotée, elle entreprit un commerce de mercerie-épicerie. Jusqu'à sa dernière heure, elle trouva dans la noble famille à laquelle elle s'était vouée un affectueux et fidèle appui. Son fils, aujourd'hui, garde de ces bienfaits un souvenir pénétré de reconnaissance.

A peine établie dans son modeste intérieur, ma mère devint la providence des siens. Tout d'abord elle recueillit son père accablé par le labeur et l'âge. Deux de ses sœurs moururent chez elle : la première, en couches, la seconde, emportée par une phtisie galopante; les nombreux enfants d'une autre sœur lui devaient vêture et pâture; enfin près de son frère encore enfant, elle remplaça la mère à qui sa naissance avait coûté la vie.

Malgré, ou peut-être à cause de ces charges, objet d'estime et de sympathie, elle vit prospérer sa situation. Femme de tête et de cœur, elle connut quelque temps la douceur de l'aisance.

L'éducation de l'orphelin devint alors le but de sa constante sollicitude.

Au sortir de l'école communale, pourvu d'une demi-bourse et d'un trousseau, il put entrer au collège de Valognes, peuplé des fils des gros propriétaires du Cotentin, dont il marchait l'égal.

Pour les besoins de son négoce, ma mère avait acquis d'un ancien chirurgien de la grande armée, blessé à Wagram, à qui son âge ne permettait plus de les utiliser, un cabriolet et un cheval, tous deux en bon état. Doucement traité par sa maîtresse qu'il semblait aimer et comprendre, le cheval, pour lui obéir, n'a jamais eu besoin de fouet. Dans le cabriolet, obligeante et serviable, ma mère avait toujours une place à offrir.

C'était pour moi un grand bonheur — et c'est pour ma vieillesse un cher souvenir d'enfance — que de l'accompagner à la ville. Elle s'y rendait tous les samedis, et sa première visite, naturellement, était pour le benjamin de la famille.

Je vois encore avec quelle effusion elle embrassait ce grand garçon, qui pour moi s'appelait l'oncle Justin. Bien qu'on ne me parlât qu'avec une sorte de déférence du prestigieux étudiant, dont le nom m'importunait comme une ritournelle, je me sentais quelque peu jaloux de l'usurpateur qui tenait dans le cœur maternel une place égale à la mienne.

Ce n'est qu'après revue, accompagnée de confitures et douceurs, de sa garde-robe, qu'elle songeait à ses emplettes. Au retour, émerveillé de ce que Wagram — nom qu'on lui avait conservé — trottait plus allègrement que le matin, ma souriante maman, satisfaite de n'avoir point à sévir, tout en me donnant une leçon de douceur et de bonté, m'expliquait cette énigme par la ration d'avoine qui l'attendait à l'écurie. D'un pied très sûr, il ne manquait jamais le chemin de la maison où, même la nuit, il s'arrêtait sans hésiter.

Superbe échantillon de la race anglo-normande, je l'ai souvent revu par la pensée, ce magnifique bai-brun au poil luisant et lustré. Avec son unique balzane et son étoile, avec ses grands yeux intelligents, foncés comme sa robe, je l'aurais distingué entre mille, ce premier de mes amis parmi ceux de sa race, par Buffon si noblement qualifiée. J'aimais son nom sonore et glorieux qu'il paraissait porter avec une consciente fierté. A mon appel, il répondait par un hennissement joyeux. D'une douceur égale à sa force, il se prêtait à mes efforts plus ou moins heureux pour grimper sur son dos inaccessible à ma taille, condescendance qu'il savait toujours récompensée. De combien de friandises n'ai-je pas flatté le seul défaut que je lui aie connu!...

Ses classes terminées, l'oncle Justin rentra définitivement au foyer fraternel où l'attendait une jolie chambre désignée par son nom. Chez sa sœur, très fière de son fils aîné, comme elle se plaisait à l'appeler, et de son éducation qu'elle avait faite, on le prisait fort. Mon père lui-même, simple, effacé, obligé, par les nécessités de son dur service de douanier, d'être plus souvent dehors que sous son toit, montrait, lui aussi, une religieuse admiration pour ce savant qui, comme Trissotin, parlait grec et latin. Conséquence de cette adulation et de son désœuvrement, il se mit à courir les filles du village dont il devint le coq; une de ses victimes et son enfant ne furent secourues que par la sœur indulgente du séducteur, car les paysans ne pardonnent pas à la fille séduite.

Appelé par le sort, les débuts si durs de la vie de soldat lui furent adoucis par la même main inlassablement généreuse. Chez la tendre sœur, son retour apportait l'allégresse comme jadis au foyer paternel celui de l'enfant prodigue.

Dupe sublime de ton cœur, que ne prévoyais-tu comment il serait un jour récompensé! Ah!

pourquoi l'infinie reconnaissance de ton fils n'at-elle pu racheter l'ingratitude des tiens, ô sainte victime d'une bonté qui t'a couchée dans le cercueil! Partie à la fleur de ton âge, tu n'as eu de la vie que les luttes et les tristesses!... Morte adorée dont il envie le repos, plus lamentable encore est le sort de ton fils.... A toi du moins tôt délivrée, le destin clément épargna la moitié du chemin ardu qui te restait à parcourir; moins pitoyable à ses maux, il lui fait jusqu'au fond vider la coupe amère....

Au milieu des chagrins qui m'accablent, qu'il m'est doux de faire un retour vers le passé!... Ah! qu'ils furent beaux ces jours d'enfance, embellis et réchauffés par le rayonnant soleil du plus tendre amour maternel....

Je me revois encore, assis à ses pieds, répétant des leçons rebelles à ma mémoire. D'une patience d'ange, ou plutôt de mère, elle les apprenait, et les savait toujours avant moi.... M'entendant un jour sangloter dans ma chambre devant un problème insoluble, elle vint s'asseoir près de moi; puis essuyant mes larmes, avec une lucidité que lui eût enviée mon maître, elle me l'expliqua de telle sorte, que j'eus la conviction d'avoir dénoué moi-même ce nœud gordien.

Tendre mère, aussi modeste que savante, sa délicatesse, ménageant mon amour-propre d'écolier, savait arracher les épines de l'étude pour ne m'en laisser que les fleurs....

Nous habitions, au centre du village, une simple mais jolie maison, bâtie sur un coteau en face de la mer, distante de douze cents mètres. La vue embrassait le plus ravissant panorama de la Manche.

A gauche, les forts de Saint-Vaast-la-Hougue, port de cabotage, aujourd'hui déchu, malheureusement illustré par la défaite de ce nom. Au delà, vers le nord, les phares de Gatteville et de Barfleur, dont les feux, intermittents ou fixes, faisaient l'étonnement et l'admiration de mes yeux intrigués d'enfant curieux et rêveur.

A droite, pareilles aux murs d'une ville fantastique, les hautes falaises du Calvados dissimulant, dans un retrait de la côte, un joli port fluvial, Isigny, délicieux de paysages marins et agrestes.

En face, et tout au plus, « à quatre de ces pas que l'on nomme des lieues, » émergeant à peine, deux rochers avec phare et fort décorés du nom qu'elles tiennent du village voisin, d'îles Saint-Marcouf.

Quand le soleil, qui se lève au-dessus des îles, embrase la superbe baie, dont il fait un miroir resplendissant, c'est un spectacle incomparable.

Parfois de ma fenêtre, armé de la lunette marine de mon père, je suivais, envieux admirateur de ses blanches ailes, un grand voilier cinglant et disparaissant au large.

Quel était, d'où venait, où allait ce mystérieux voyageur dont je ne distinguais pas toujours le pavillon, mais que, s'il était tricolore, j'accompagnais longtemps du regard et du cœur?...

S'étendant du S.-E. au N.-O. et à perte de vue dans un lointain vaporeux, la plage, idéale de douceur et de charme, attirait dès cette époque, comme des hirondelles au printemps, nombre de citadins et de touristes.

Entre le village et la mer, un marais souvent inondé, enchevêtrement de fossés vaseux, bordés de buissons touffus, fourmillait de gibier aquatique.

C'est de ces parages solitaires que, aventureux explorateur, je m'imaginais avoir fait la découverte et la conquête. Par une réminiscence encore vivace chez les marins normands et bretons, dont les audacieux ancêtres ont envahi et en partie peuplé le Canada, c'est de ce nom prestigieux que j'avais décoré mon domaine, d'où je rapportais anguilles et grenouilles enfilées dans un brin d'osier ou, dans mes poches, les grives ou poules d'eau prises dans mes reginglettes. De ces volatiles, j'avais peuplé une grande volière, où des graines variées adoucissaient leur captivité.

Temps d'insouciance et de joie, que tu es loin

dans le passé, évanoui sans retour, mais frais et présent dans mon souvenir!

Ah! qu'il était joli mon village natal, avec ses coquettes maisons blanches, noyées de verdure, qui ont tenté plus d'un pinceau! Dans mes lointains voyages, aucun site ne m'a paru plus séduisant.

Sol aimé, témoin de jours de bonheur trop rapidement envolés, coin charmant de ma belle Normandie, que j'aurais voulu reposer un jour sous le vert gazon de ton cimetière, au bruit connu des vagues qui ont tant de fois bercé mes rêveries enfantines, sous tes ombrages solitaires égayés du chant familier de tes milliers d'oiseaux!

Précoce pour mon âge et passionné lecteur, je dévorais tous les livres qui me tombaient sous la main, mais surtout — influence de milieu sans doute — ceux de voyages, de batailles navales, de naufrages. Parmi ces derniers, le *Naufrage de la Salamandre* m'avait frappé.

Vers l'âge de neuf ans, atteint d'une fièvre violente, mon cerveau revivant une scène de ce récit, j'allais me précipiter par la fenêtre, lorsque ma mère accourut, avec ma jeune sœur, juste à temps pour me saisir : « Mais maman, ne vois-tu pas que nous sombrons? Vite à la mer, sautons, sautons! »

La mer,... c'était à six mètres au-dessous, le

sol où j'allais me briser. Ce ne fut pas sans peine qu'elle me réintégra dans mon lit, où l'on dut m'attacher.

Ah ! mère trop vigilante, pourquoi si tôt survenue ! Parti en plein bonheur, je n'aurais lu que les plus belles pages du livre de ma vie et dormirais aujourd'hui près de toi mon dernier sommeil. Paisiblement réunis dans la mort, nous n'aurions pas été douloureusement séparés dans la vie....

Nombreuse était alors la population du village. L'école communale venant d'être reconstruite, garçons et filles occupaient aux ailes des salles claires et aérées. En face une vaste pelouse, constamment ventilée par une brise saline, servait à nos ébats.

De cette terrasse, dominant au loin la mer, la légende veut que l'infortuné Jacques II ait assisté au désastre de nos vaisseaux et de sa royauté ; de là le nom de cette place : Colorey (cour du roi).

Je me rappelle avoir vu dans le village un des vieux canons de Tourville, près de deux fois séculaire, rongé par une rouille dont j'ai parfois détaché des plaques. Sans doute, l'intrépide combattant, servi par d'habiles pointeurs, avait joué son rôle meurtrier dans la tragique épopée. Sans doute, sa voix tonnante avait fait sa partie dans l'épouvantable concert qui avait terrifié la presqu'île ; sans doute, dans une lutte inégale, il s'était désespérément défendu, faisant rage de ses boulets rougis ou ramés, vomissant de sa gueule enflammée l'incendie et la mort.... Mais enfin, cédant au nombre et le sol embrasé s'effondrant sous sa lourde masse, il s'était enseveli avec ses fidèles servants pour dormir avec eux un sommeil éternel....

Mais des mains amies, des mains françaises, l'avaient exhumé de son lit de vase, et c'est ainsi que le terrible grognard, ressuscité, pouvait encore une fois contempler le théâtre de ses exploits.

Paisible et songeur maintenant sur son affût rustique, œuvre d'un charpentier d'arsenal, il regardait passer, plus indestructible qu'eux, les petits fils de ses compagnons d'infortune, et sa voix enrouée ne parlait plus que pour leur annoncer la fête pacifique du village.

Descendant de marins, j'étais au courant de toutes les phases du sombre drame, légendaire sur cette côte, et plus d'une fois, saisi d'une pitié patriotique, il m'est arrivé de déposer un baiser furtif sur les cicatrices du glorieux mutilé, sacré par une défaite plus honorable qu'une victoire.

Avec la vieille école, avait disparu le vieil instituteur. C'était maintenant un jeune maître, portant le nom du premier homme et l'un des meilleurs parmi ses descendants. Ancien séminariste, instruit et distingué, il m'enseigna les éléments des langues latine et grecque.

A l'âge de treize ans, entré sur les traces du cher oncle, mon modèle, au collège dont il avait pendant sept ans essuyé la poussière, j'obtins en troisième un rang fort honorable.

Au maître éminent, depuis longtemps disparu, l'humble enfant d'autrefois adresse aujourd'hui, par la voix défaillante de l'homme au déclin qui, formé par lui, a pu consacrer à son pays quarante années de dévouement et d'intégrité, l'expression de son inaltérable gratitude qui l'a suivi par delà la tombe.

Mes habitudes de grand air et de liberté s'accommodaient mal de la réclusion du collège, si adoucie qu'elle me fût par les gâteries maternelles. Cédant à l'irrésistible séduction qu'exerce la mer sur ceux qui sont nés sur ses bords, dont les oreilles ont perçu comme premiers sons la puissante harmonie de ses flots et les yeux, à peine ouverts, contemplé sa mystérieuse et troublante étendue, je pus, après cette première année d'études, suivre mon secret penchant. Sous la tutelle d'un capitaine au long cours, parent maternel, je visitai les côtes de l'Afrique et quelques ports de l'Amérique, faisant ainsi connaissance sommaire de trois parties, la nôtre comprise, de notre planète.

Utilisant de longs loisirs, un matelot de Jersey,

embarqué pour la campagne, me donna quelques leçons d'anglais, cette langue quasi universelle.

Mais après mon dernier voyage, qui m'avait anémié, la sollicitude alarmée de ma mère me destina une carrière à ses yeux moins périlleuse, et, quoi que j'en eusse, me plaça dans une école industrielle de Caen. M. Roux, mon oncle, alors sous-lieutenant en garnison dans cette ville, s'était chargé de régler ma pension trimestrielle. Mais aux vacances, ma mère eut la surprise désagréable de s'en voir réclamer le montant intégral.

La tendre sœur, jugeant incapable d'une indélicatesse un frère adoré, se laissa, forte de sa conscience, intenter un procès qu'elle perdit en première instance, puis en appel, et finalement se vit condamnée, non seulement à payer la pension complète, mais aussi à des frais onéreux de justice qui en doublèrent le montant.

*Judicièrement parlant* (sic), écrivait M. Roux à sa sœur, *si nous avons perdu, c'est un peu notre faute. Nous étions dans notre tort, n'ayant pas de quittances à présenter. Abus de confiance, voilà tout.*

Devant l'évidence, M. Roux reconnaît implicitement sa responsabilité, mais il se garde d'en revendiquer les conséquences, acte de probité qui eût été un aveu dangereux.

Alors en ménage... irrégulier, comment, sans

autres ressources qu'une solde plus que modique, avait-il orné le temple de Vénus, je veux
dire meublé le coquet pavillon qui abritait ses
amours? C'est ce qu'une sœur aveugle ne voulut
jamais approfondir.

Ne pouvant, après son désastre, rester à la
charge d'une pauvre femme épuisée, malade de
chagrin, et déjà sur la pente de la ruine, il me
fallut, à peine armé, engager l'âpre lutte pour
le pain quotidien. J'avais alors dix-sept ans et
ne devais plus revoir la mère adorée qui avait

> « fait tenir dans ma petite vie
> Un trésor de bonheur immense, à faire envie
> Aux heureux de cent ans ».

De même pour mon père.

Pendant une nuit d'hiver, surpris par une
pluie glacée, une pneumonie aiguë l'emporta
quelques mois après mon départ pour le régiment.

# CHAPITRE II



## SOLDAT !

Mes études, mes goûts m'auraient porté vers l'industrie, mais la fatalité m'avait imposé une autre destinée. Faisant contre fortune bon cœur, et d'ailleurs sans autre ressource, je contractai un engagement de sept ans. Non sans quelque amertume, je me voyais donc, à peine adolescent, revêtu du pantalon rouge que j'ai porté près des deux tiers de ma vie, mais auquel je ne trouvais alors aucun prestige.

Par les soins de l'oncle Justin pour qui ma présence n'avait rien d'agréable, on m'avait expédié à Tarbes, à l'autre extrémité de la France. Par le climat, les mœurs et la langue, c'était un pays pour moi presque aussi étranger que ceux d'outre-mer précédemment visités.

Ah ! combien j'étais naguère éloigné de pressentir ce précoce exil !...

Combien me fut douloureuse cette brusque

transplantation loin de la tendre mère dont l'amour avait inlassablement couvé ma délicate enfance, semé de fleurs mes premiers ans tissés de bonheur et de joie, arraché de haute lutte au trépas ma vie fragile et presque condamnée.... Incessamment je ressassais, dans mes longues nuits insomnieuses, la scène des adieux. A l'extrême limite où elle m'avait accompagné, longtemps assis sur la berge, nous avions mêlé nos larmes de désespoir; longtemps, j'avais contemplé son beau, doux et cher visage, pressé sa main tremblante sur mon cœur, avec l'angoissante incertitude du revoir, l'oppressante appréhension de l'éternelle séparation.... Puis, derrière un pli de terrain, avait disparu le dernier signe, le muet, le suprême adieu des mouchoirs agités et commencé le voyage solitaire, pour elle si près du terme, pour moi si long et si ardu de la vie....

L'ébranlement moral où je l'avais laissée me causait une mortelle inquiétude. Comment, en cas de pressant appel, voler auprès de l'être uniquement aimé dont me séparait, distance immense, toute la longueur de la France.

La nostalgie m'envahissant, je perdis appétit et sommeil. Tombé malade, un séjour de quelques semaines à l'hôpital rétablit, tant bien que mal, ma santé compromise.

A cette époque (1856), l'ordinaire du soldat

n'avait rien d'engageant, même pour un esto-
mac qui avait affronté les gourganes de la cam-
buse et les fayots du collège.

Quel écœurement lorsque, pour goûter à la
soupe invariable du matin et du soir, je dus
enlever à cuillerées l'épaisse couche de mouches
noires qui la recouvrait !

Rebuté par ce mets sans attrait, je me sentais dépérir de faim et d'anémie. La robuste
constitution que je cachais sous un aspect juvénile et fluet, aussi bien que le sentiment du
devoir, triomphèrent enfin de mes répugnances
et des difficultés du début; les légers subsides
que, malgré sa détresse croissante, ma pauvre
mère prélevait sur ses privations, m'acclima-
tèrent peu à peu au régime et à la vie militaire
relativement rudes de cette époque.

La pénurie de cadres, écrémés par la guerre
de Crimée, pour moi conjoncture heureuse, me
favorisa singulièrement.

C'est alors que j'appréciai la valeur préconisée
par une sage prévoyance, de l'étude.

Grâce à l'instruction passable, quoique tron-
quée par deux années de navigation, que l'on
voulut bien me reconnaître et à l'écriture nette
et lisible dont mon premier maître m'avait doté;
grâce surtout à mon extrême docilité et à l'ar-
dent désir que j'avais de contenter ma mère et
de répondre à ses sacrifices, je franchis assez

rapidement, pour l'époque, les premiers échelons, et j'étais sous-officier presque au début de
ma seconde année de service.

Avec la guerre d'Italie à laquelle, malgré mes
démarches, je n'avais pu participer, j'avais vu
s'envoler toute chance d'avancement.

Fidèle à son programme : *l'Empire, c'est la
Paix*, l'empereur prodigue de l'or et du sang de
la France, allait la lancer, à peine cicatrisée,
dans une autre aventure, celle de Chine.

Admis à faire partie de l'expédition j'écrivis
à ma mère :

Rade de Toulon, à bord de la Dryade,<br>le 30 novembre 1859.

Mère chérie, nous allons partir, on appareille; je
ne sais même si ma lettre vous arrivera. Je me hâte
donc avant de quitter la France, pour toujours peut-
être, de vous adresser encore un adieu, peut-être le
dernier....

Mais si je m'éloigne, ma pensée, mon cœur, reste-
ront près de vous, et dans ces mers, dans ces terres
inconnues où nous allons pénétrer, c'est votre cher
souvenir qui me soutiendra. Si, loin de la patrie et
du foyer, je dois périr soit sous les flots, soit sous
les balles, c'est avec votre nom chéri sur les lèvres,
avec votre image adorée sous les yeux et dans le
cœur, que j'exhalerai mon dernier souffle....

... Si je suis heureux de partir!... Ah! chère maman, pouvez-vous le demander! Votre santé chancelante, votre situation compromise, m'angoissent.
Vous retrouverai-je au retour, si toutefois je dois
revenir; voilà la question qui me poigne, qui me

navre le cœur.... Vivez donc, conservez-vous pour votre fils, mère adorée, comme il veut vivre pour vous, pour vous seul !

L'implacable nécessité nous sépare ; je pars pour conquérir le pain de votre vieillesse. Ah ! cette joie suprême de vous posséder un jour près de moi, toute à moi, de vous rendre les soins et les caresses dont vous m'avez bercé, je la paierais sans hésiter d'un bras ou d'une jambe, et à ce prix je ne croirais pas l'avoir payée trop cher....

Hélas ! mes funestes pressentiments devaient se réaliser.... Cette lettre fut la dernière que reçut ma mère. Aucune de mes lettres datées du Cap, de Singapour, Shang-Haï, Tché-Fou, Tien-Tsin, Pékin, etc. ; aucune des siennes, (mal adressées peut-être) ne parvint à destination.

C'est qu'alors le service postal était fait avec une incurie inimaginable. Celui de Madagascar était, auprès, la perfection.

Bien loin de jouir, comme nos alliés, parfaitement organisés, de la franchise, nos pauvres lettres étaient taxées au poids et à la distance ; faute de timbres je n'affranchissais jamais ; c'est peut-être l'explication de ces pertes ou plutôt de ces retards, car quelques semaines après mon retour au pays, un paquet de ces missives, ornées d'innombrables empreintes, me fut remis contre fort remboursement.

Cette anxiété m'a toujours tourmenté, que la persuasion de ma mort, confirmée par mon silence, avait hâté celle de la pauvre mère accablée par des épreuves au-dessus de ses forces.

Même incertitude sur son sort avait failli pour moi être aussi funeste.

Les Chinois, dédaigneux de l'hygiène, pratiquent à leur façon le système du tout à l'égoût c'est-à-dire, à la rivière. A l'embouchure du Peï-Ho, où les forts de Ta-Kou, enlevés, on se disposait à marcher sur Pékin, nous ne trouvions qu'une eau saumâtre et contaminée.

La fièvre typhoïde fit des ravages; la brusque levée du camp empêcha seule une catastrophe. Gravement atteint, surtout au moral, je ne dus mon salut qu'aux bons soins d'une ambulance anglaise, car, sous ce rapport, nous étions aussi mal en point que pour le reste.

Tout d'ailleurs, dois-je le dire, était à l'avenant dans cette campagne, type inoui d'une imprévoyance dont l'éloignement seul a masqué les désastreux effets. *Qu'on se débrouille!* cette trop facile défaite dispensait de tout souci le haut commandement.

C'est ainsi que la plupart d'entre nous, sans habits, sans chaussures, étaient réduits à s'en procurer, de leur maigre solde, près des Chinois et des Anglais. Comme en Crimée, ceux-ci, regorgeaient de tout; humiliant contraste et amère dérision, leur abondance insultait à notre disette, et leur luxueux confort à notre profonde misère.

Nos officiers, triste consolation! n'étaient guère mieux partagés. C'est ainsi qu'un lieutenant, M. de Lavergne, réduit aux vêtements chinois, m'envoya sur l'autre rive du Peï-Ho qui nous séparait des habits rouges (leur langue m'était assez familière), en quête de linge et de chaussures qu'à prix d'or il n'eût pas trouvés ailleurs. Avec les grandes bottes en cuir de Russie et les chemises en toile de Hollande que je lui rapportai pour quelques piastres, il put braver l'hiver.

Quant à moi, grelottant de fièvre et de froid, je dus me confectionner de mes mains inhabiles un pantalon d'une étoffe grossière, à peu près rouge, que j'avais dénichée. C'était pendant l'hiver sibérien que, après la prise de Pékin, nous dûmes passer à Tien-Tsin où, chaque matin, la glace du Peï-Ho, soulevée par la marée montante, éclatait comme une explosion de poudrière.

Par ce froid meurtrier de 30 degrés, mal protégés contre l'atroce température par des vêtements usés et troués, non renouvelés de toute la campagne, beaucoup eurent les pieds gelés ou contractèrent des maladies incurables ou mortelles; d'autres s'endormirent pour toujours sur leurs lits de nattes misérables. Mais nous étions si loin!... Qui donc, en France, à part nos mères et nos sœurs, songeait encore à nous?...

Au nombre de deux mille à peine — un seul régiment était demeuré à Tien-Tsin — perdus et noyés dans une masse de cinq cent mille Chinois xénophobes, les humbles petits soldats de la France, délaissés et misérables, succombaient obscurément, comme leurs aînés de la Bérésina, et la grande fosse insatiable engloutissait chaque jour deux ou trois cercueils.... Pendant ce temps-là, on dansait aux Tuileries, où jamais fêtes ne furent plus brillantes, et le malfaiteur couronné qui devait être le mauvais génie de la France, l'artisan de la défaite et de la honte et l'ignominieux prisonnier de Sedan, alors à l'apogée de la prospérité et de l'orgueil, recevait triomphalement du général de Montauban les opulentes dépouilles du Palais d'Été, qui valurent à celui-ci le titre de duc de Pa-li-Kao, payé de la vile monnaie de nos cadavres.

Avant de quitter la France, ce guerrier surfait, mais courtisan parfait — plus tard devenu ministre de la guerre — avait proclamé qu'il conduisait son armée « dans des régions que la Rome immortelle, au temps de sa splendeur, n'avait jamais osé envahir. » Il fallait bien aux yeux de l'opinion publique, justifier cette inepte entreprise.

Comme peloton d'escorte, il avait fait choix de sous-officiers à particule, fleur de népotisme, conviés à un voyage d'agrément et... d'avancement.

Décorations et grades avaient été pour ces brillants parasites; quant aux humbles artisans de la victoire, sans nom ni titres, ils n'avaient eu qu'à s'incliner, sans recours contre le bon plaisir d'un commandement sans contrôle et sans limites. Aux uns la peine, aux autres l'honneur : *Sic vos non vobis.* Éternelle vérité, hélas !

Telle fut aussi pour moi la campagne de Chine, sur laquelle j'avais fondé tant d'espérances non pour moi, mais pour celle envers qui j'avais rêvé de réparer l'injustice du sort. Non seulement je n'avais pas obtenu le grade ambitionné comme prix de ses sacrifices; non seulement je n'en avais plus d'espoir, l'expédition terminée, mais j'en rapportais une santé délabrée par la fièvre, les privations et les souffrances.

Petite déception, il est vrai, auprès de la douleur qui m'attendait au retour. Débarqué à Toulon, en mars 1862, j'y reçus le coup, d'ailleurs pressenti et redouté!... qui faillit m'abattre aussi.

De l'image aimée qui, pendant trois ans d'absence, n'avait quitté ni mes yeux ni mon cœur; de la mère chérie à qui je devais deux fois la vie, puisqu'après me l'avoir donnée elle me l'avait sauvée; de l'être adoré, à jamais disparu, dont la vie et l'âme étaient mon âme et ma vie, je ne devais plus rien retrouver sur la terre, devenue pour moi un éternel désert.

Congédié dès le débarquement, seul et problématique avantage que me valut cette campagne, pressé de revoir l'étroit espace qui m'importait plus que le reste du monde, je fis d'une traite le long trajet, comme en un rêve, inconscient de la distance et du temps, étranger à tout, sauf à ma douleur. Je ne voyais plus qu'une tombe qui m'attirait par une force irrésistible. Parvenu au but, sans me rappeler ni par où ni comment, exténué de faim et d'insomnie, je me jetai à terre, étouffant de sanglots, appelant à grands cris celle qui jamais plus ne devait me répondre, baignant de larmes le gazon déjà touffu, et la mince couche de terre qui me séparait d'elle plus que les six milles lieues que je venais de franchir pour la retrouver....

Ah! pourquoi ce décevant espoir m'avait-il protégé, immunisé contre les balles et la maladie? Pourquoi n'étais-je pas resté là-bas avec tant de morts obscurs tombés loin de la patrie, recouverts d'une terre étrangère? Que de chagrins épargnés et dont la douleur de cette perte devait être le moins cruel!...

Arrivé vers le milieu du jour, ne pouvant croire ni me résigner à mon malheur, espérant aussi mourir auprès de celle que je ne voulais plus quitter, je dus passer là de longues heures car, vers le soir, le gardien, faisant sa ronde, vint me rappeler l'heure de la sortie. Voyant ma faiblesse, il eut même la charité de me soutenir jusqu'à la porte du cimetière…..

Puis, je me mis à la recherche de ma sœur; celle-ci, dans l'être hâve et vieilli qui se présentait, la nuit tombée, inopinément chez elle, ne reconnaissant pas son frère, fut sur le point de fermer sa porte à cet étranger suspect.

Quand je me fus nommé, ce fût une explosion, non de joie, mais de douleur, que ses habits de deuil avaient réveillée, tandis que je lisais sa stupeur à l'aspect lamentable où elle me revoyait.

Pendant la traversée de retour, en effet, qui avait eu lieu, non par le Cap, comme à l'aller, mais par Suez, mon uniforme, pendant des années traîné dans la boue des bivouacs, était tombé en loques. Une vareuse et un pantalon blanc usagés, défroque de matelots décédés, c'était avec un képi datant de quatre ans et de couleur innommable, ce qui constituait la tenue dépourvue d'élégance et d'attrait sous laquelle je devais me présenter pour solliciter des moyens d'existence.

Passé brusquement de la chaleur torride de la mer rouge au Mars glacé de la France et grelottant sous mes nippes misérables, j'enviais le sort heureux des mendiants de mon pays plus chaudement vêtus.

Oui! c'est dans cet accoutrement piteux, sous

ces haillons fripés, que la France d'alors, assez riche pour jeter ses millions par centaines en de folles équipées, renvoyait dans leurs *foyers* ceux que naguère on exaltait au-dessus des Romains.

Heureux encore ceux qui retrouvaient un gîte. Pour moi je n'avais plus ni foyer, ni toit, ni asile : j'étais un étranger, sans feu ni lieu.

Dans les revenants méconnaissables, dans les spectres émaciés et livides dont j'étais un des plus tristes spécimens, on eût eu peine à deviner les vainqueurs de la Chine, dont les échos dithyrambiques redisaient encore la conquête fantastique plus audacieuse que celle du Pérou par Pizarre.

Le service rendu, oublié le serviteur !...

Ma mère, avant l'éternelle séparation, avait eu la satisfaction de marier ma sœur à un ouvrier tout cœur et bonté qui me partagea son pain. J'eus, alors et depuis, la preuve que ma bonne mère, d'un jugement si sûr, ne s'était pas trompée, car jamais pauvre ménage ne montra plus de vaillance dans la détresse. Je suis heureux de lui exprimer ici gratitude et affection.

Cependant, puisque je me résignais à vivre, il fallait en trouver les moyens.

Muni de mon certificat de bonne conduite, auquel mon bienveillant colonel avait ajouté une note élogieuse, je sollicitai de la Compagnie de l'Ouest une place d'homme d'équipe.

On me répondit que ma demande serait examinée après les trois mille environ précédentes.

Vainement j'avais, avec la déférence convenable, rappelé qu'avant l'expédition, certain décret, en vue de recruter des sous-officiers, leur avait au retour assuré une place et du pain. Hélas! ce n'était qu'un nouveau leurre : le besoin passé, déchiré le contrat, reniée la parole donnée!...

Afin d'alléger à l'humble ménage qui m'avait accueilli, une gêne augmentée par la naissance d'un bébé, je me rendis à l'arsenal de Cherbourg où s'exécutaient de grands terrassements et j'y demandai part. Mais en raison de mon aspect chétif on me refusa la pelle et la pioche qu'on me jugeait incapable de tenir, et pour la seconde fois, je me vis éconduit.

Devant cette impitoyable indifférence fermée à tout sentiment de solidarité et de compassion, je songeais, non sans un indicible serrement de cœur, à une main tendue, à un secours spontanément offert qui naguère eût pu me sauver.

Le navire sur lequel je rentrais en France, l'expédition terminée, faisant escale à Singapour, l'officier dont j'étais le truchement attitré m'emmena dans un magasin de la ville où, le chinois à part, ne se parle que l'anglais.

Au cours des emplettes, le marchand, ignorant le français, me dit qu'il était à la recherche d'un commis de cette langue, nécessité par le développement de ses affaires.

Il faut croire que ma personne lui revint, puisqu'il m'offrit dans sa maison assez importante, une place que j'avais toute liberté d'accepter comme les libérables laissés à Saïgon.

Ainsi, un étranger, un inconnu, un Malais, m'aurait assuré le pain et le droit à la vie qu'on me déniait ici : contraste décevant pour mes illusions, douloureux pour ma foi patriotique....

Ah! combien je me repentis alors de n'avoir pas accueilli la situation modeste mais facile que m'offrait sous un ciel enchanteur une terre enchantée; mais ignorant du malheur qui m'attendait au retour, pouvais-je prévoir qu'en France, dans ma propre patrie, pour qui j'avais risqué mes os et perdu ma santé, je ne trouverais pas un coin pour m'abriter, une pierre pour reposer ma tête; que grelottant de fièvre et mourant de faim, je me verrais rebuté et chassé de partout comme un paria, jeté sur le pavé, presque réduit à tendre la main!

Tombé d'épuisement au seuil d'une maison, je dus, en effet, avouer que je n'avais pas mangé depuis deux jours; mais son délabrement ne payant pas de mine, au lieu de le secourir, on conduisit au poste le vagabond supposé, circonstance — je n'ose dire heureuse — qui m'arracha cette fois encore à la mort.

# CHAPITRE III



J'avais donc quitté le service après six ans
d'efforts inutiles, six ans d'une vie dure et misérable, restant sans situation, ni avenir, ni moyens
d'existence.

Sentant sa fin prochaine, tourmentée du sort
inconnu de son fils, ma mère avait songé pour
lui à son frère, cet autre fils qui, plus favorisé
que le sien propre, avait pu, grâce à ses sacrifices, s'assurer une position.

Dans une lettre touchante, dix fois interrompue par les sanglots que, ne pouvant plus
écrire elle-même, elle avait dictée à ma sœur,
elle avait recommandé à ce frère bien-aimé
son fils, s'il devait revenir un jour, et ne
plus retrouver celle qui l'avait attendu, à grands
cris réclamé dans ses nuits d'insomnie et
de délire; son fils, qu'une fièvre d'angoisse lui
montrait mortellement blessé, mourant sur un

champ de bataille, mutilé, torturé peut-être par des ennemis féroces et, comme tant d'autres, expirant dans les supplices atrocement raffinés dont la France avait naguère frémi d'indignation ; son fils dont l'absence, à son dernier moment, lui était plus cruelle que la mort même.

Elle adjurait son frère, au nom de la mère qu'il avait perdue, au nom de celle qu'il allait perdre, de ne pas abandonner son fils esseulé, de veiller sur sa jeunesse encore inexpérimentée, déjà si éprouvée, d'être enfin pour un neveu sans appui, sans ressources, ce que sa sœur avait été pour lui-même.

Malgré ma détresse, malgré le conseil de ma sœur, je ne m'étais point adressé à l'oncle Justin, qui m'avait laissé une mauvaise impression depuis que, en de rares entrevues, j'avais fait, ou plutôt refait sa connaissance à Caen. Sa conduite équivoque dans l'affaire Joune, avait été pour moi une énigme dont les années et la réflexion ne devaient m'apporter que plus tard la décevante solution. Enfin, je n'avais point voulu troubler de mes propres soucis la quiétude heureuse d'un nouveau ménage déjà chargé d'une belle-mère et de deux enfants en bas âge.

Mais apprenant mes déboires militaires, M. Roux me proposa un rengagement pour la remonte, à Tarbes, mon ancienne garnison, où il était alors lieutenant.

A quel mobile obéissait l'oncle Justin, qui depuis six ans ne s'était préoccupé ni de ma personne ni de mon sort, oubliant presque mon existence?

Des officiers avaient rapporté de Chine quelques bibelots transformés par l'imagination populaire, en trésors de Golconde.

Rêvant lingots et diamants, l'oncle Justin m'attribuait aussi un secret magot, qui éveilla, dans le cœur de ce parent sensible, une sympathie soudaine, inespérée, pour son possesseur.

Toute ma fortune, hélas! était un modeste coffret d'ivoire, chef-d'œuvre de patience et d'art d'un incomparable ciseleur.

Je l'avais acheté à Pékin pour ma mère qui, indifférente au prix, y eût vu la preuve que, pendant trois années d'éloignement, le souvenir de l'absente avait toujours été présent à son fils.

A défaut de celle à qui, avec tant de joie, était destinée cette cassette, ma sœur m'avait décidé à l'offrir à ceux qui s'annonçaient pour moi comme une nouvelle famille.

Tout en excusant son peu de valeur, je priai donc Mme Roux de l'accepter. Mon chétif présent, aussi bien que ma chétive personne, dépouillée maintenant de toute auréole dorée, furent une amère déception ; on attendait mieux.

Dans cette affection fraîche éclose, il y avait un autre intérêt qui, bien que secondaire, n'était pas à dédaigner.

« Je tiens à être pour le fils de celle qui n'est plus ce qu'elle a été pour moi, » m'avait-on emphatiquement annoncé. Hélas! ce chaleureux appel ne s'adressait pas au parent, mais à sa valeur pécuniaire.

A cette époque (1862), un rengagement de sept ans donnait droit à une prime de 2.400 francs, dont moitié payable immédiatement. C'est ce que mieux que personne savait M. Roux. De même qu'il avait délaissé ma sœur pauvre, de même il m'eût, dénué comme elle, dédaigné et oublié.

Toujours besogneux, toujours en mal et en quête d'argent, le cher oncle et surtout sa femme comptaient bien, sous forme d'emprunts ou de cadeaux, prélever la dîme de cette somme rondelette, spéculation qui d'ailleurs ne fut pas déçue.

Ainsi donc, il me fallut reprendre une existence que de cruelles épreuves n'étaient pas de nature à me faire attrayante. Sacrifiant mes galons si chèrement payés pourtant, de sous-officier, je redevenais simple soldat. Tombé des premiers échelons depuis si longtemps franchis, je me retrouvais au pied de l'échelle, avec à peine le désir et le courage de les gravir de nouveau.

Six ans auparavant la ruine inopinée de ma mère m'avait fait soldat; sa perte prématurée

me rejetait dans une voie qui n'était pas la
mienne. Hélas! je n'en connaissais que la partie
la moins éprouvée. J'y rentrai avec un manque
bien excusable d'enthousiasme.... Je dois, toutefois, ajouter que, en considération peut-être de
la campagne meurtrière à laquelle je venais d'é-
chapper, j'eus assez rapidement reconquis mon
humble grade.

# CHAPITRE IV

## OFFICIER !

Je franchis ici une suite d'années sans intérêt pour cette histoire, longues, tristes années consumées, végétées plutôt que vécues, dans une situation précaire que n'avaient pas encore relevée, comme aujourd'hui, la tenue, la solde, le bien-être, la considération, ainsi que les facilités de la vie moderne et du progrès compatibles avec l'état militaire.

Ballotté entre l'espoir et le découragement, las d'attente et de déceptions, sur le point de renoncer à une carrière où, comme sœur Anne, je ne voyais rien venir, j'avais cherché, en vue de ma libération prochaine, un emploi civil.

Un négociant de Paris, ancien fournisseur de ma mère, m'avait, en souvenir de sa fidèle cliente, réservé une place dans ses bureaux. Au moment où je songeais à faire appel à sa bienveillance, vers la fin de 1869, mon horizon s'éclaircit ailleurs. Comme récompense de quatorze années de service, je fus nommé sous-lieutenant ; c'est ce qui s'appelait pour l'époque un bel avancement.

Ah ! combien, à ce tournant de ma vie, au lieu d'une voie brillante en apparence, j'aurais été mieux inspiré de me contenter du modeste sentier qui s'offrait à côté. Ici, du moins, je n'aurais pas tenté la convoitise et les filets de l'horrible femme qui a jeté dans mon existence, jusque-là si tourmentée, une misère insoupçonnée et telle que, si je l'avais entrevue, j'aurais reculé d'horreur......

Venu trop tard, ce grade si péniblement conquis ne me causa qu'une joie modérée, puisque celle qui aurait dû la partager, puisque la mère adorée, que j'aurais voulu recueillir pour payer à sa vieillesse la dette de mon enfance, depuis longtemps à l'abri des épreuves et des soucis de l'existence, ne vivait plus que dans mon souvenir et mes regrets inconsolés, inconsolables.

Si les belles années de la jeunesse, qui sont, pour d'autres, plaisir, amour, bonheur et joie, avaient été pour moi austérité, labeur, privations et tristesse ; si, depuis tant d'années dans les grades inférieurs, j'avais été en butte aux déboires d'un métier ingrat et aléatoire où l'avancement, sans les garanties qui l'ont, depuis lors, entouré, donnait plus de part à la faveur qu'au droit, j'oubliais aujourd'hui les amertumes de ce long servage; tel, au sortir de l'hiver, un soleil printanier en dissipe le souvenir.

Et puis, durant mon long et ardu stage, un secret espoir m'avait réconforté. Jusqu'ici éloigné, incertain, aujourd'hui proche et réalisable, cet espoir me montrait en rêve un foyer charmant, de beaux enfants groupés autour d'une jeune mère à la blonde chevelure, caressant et baisant tour à tour leurs boucles dorées, attentive à leur gentil babil, à leurs joyeux ébats, à leurs leçons, à leur santé, à leur bien-être.... Cette compagne d'élection, par dessus tout chérie, allait enfin, par un pur et sincère amour, me dédommager du sacrifice de ma jeunesse perdue, m'apporter enfin ma quote-part de bonheur, d'un bonheur d'autant plus précieux, que plus longtemps attendu.

Riante image, vision compensatrice qui m'avait préservé des entraînements de mon âge, des faciles maîtresses et des vulgaires plaisirs, cette idéale moitié de moi-même, cette âme sœur avait été, parmi les périlleux écueils des passions, ma sauvegarde et mon salut.

C'est elle, objet des longues aspirations d'un cœur vierge, et choisie sur le modèle de celle qui avait été une épouse et une mère incomparables, qui avait été le but constant de mes opiniâtres efforts, de mon acharné labeur, et qui, ma position enfin conquise, allait être la rénuméra-

tion de ma sagesse, le complément et le couronnement de ma vie....

Mon brevet arrivé, je me disposai à rejoindre
mon régiment dans la vieille cité qui, pendant
soixante-dix ans, avait été le peu édifiant séjour
de la papauté.

Je reçus alors de M. Roux, qui depuis six ans
capitaine m'était redevenu, pendant cette longue
séparation, presque étranger, la lettre suivante :

Fontenay, le 28 décembre 1869.

Je vous recommande de ne pas vous laisser entor-
tiller par certains quémandeurs qui surgissent souvent dans les circonstances où vous vous trouvez ;
comptez que moi-même aurai besoin de votre aide
pour une affaire que vous saurez ici....

Fermer aux emprunteurs une bourse que l'on
ne veut ouverte que pour la sienne n'est pas un
tour banal. Ici encore le héros de l'affaire Joune
laissait passer le bout de l'oreille.

Par ordre, j'avais rejoint directement mon
poste. Inquiet on m'écrivit :

4 janvier 1870.

Puisque vous ne venez pas, je dois vous dire le
motif sacré qui me faisait recourir à vous. Nous
occupons un châtelet sur les bords de la Vendée ;
nous l'avons meublé, tapissé, en un mot transformé.
Je pouvais faire ce sacrifice, mais un devoir filial
nous incombe inopinément. Le père de Mme Roux

a un joli tombeau entouré de cyprès. Les cendres vont être relevées, si une somme n'est versée sans délai. Quand vous aurez touché vos fonds procurez-vous cinq billets de cent francs et envoyez-les-moi; un employé de la poste vous indiquera comment faire.

De ces lettres il résulte que, de Tarbes, j'aurais dû me rendre à Avignon, par Fontenay, c'est-à-dire en triplant ma route. Et pourquoi cet étrange itinéraire? Pour me délester d'une somme que l'écornifleur jugeait plus utile dans sa poche que dans la mienne.

Ne pouvant me dire : votre mère a fait les frais du premier chalet, il est juste que vous fassiez de même pour le second, le fin renard invoquait un pieux devoir de famille : la restauration du tombeau de son beau-père!...

Ma mère, elle, reposait dans la fosse commune; trop loin, trop pauvre au moment de sa mort, que faire autrement? Mais un tombeau payé de la sorte, c'est ce que je n'aurais jamais imaginé.

A peine arrivé dans ma nouvelle garnison, comme lièvre au gîte, je me vis relancé :

12 janvier 1870.

Je vous expliquais les religieux motifs qui me faisaient avoir recours à vous *pour un emprunt* de cinq cents francs. Veuillez me dire, par retour du courrier, si vous avez reçu ma lettre.

Ne pouvant davantage, j'envoyai deux cents francs; on attendait mieux :

19 janvier 1870.

Je vous accuse réception de deux cents francs. Je regrette que vous ayez employé tant de papier pour me prouver l'emploi de vos deniers. Je ne suis pas dans l'embarras à Fontenay. J'aurais été satisfait de recevoir davantage, pour vous conserver une plus forte somme.

Evidemment, je n'avais pas apprécié le louable souci que l'on prenait de mes intérêts. L'affaire Joune s'éclaire ici de plus en plus. Bien d'autres surprises m'étaient réservées....

Qu'elle me paraît grande et belle, la figure de ma mère, planant au-dessus de pareilles petitesses! Faite de labeur et de probité, sa courte et modeste aisance a eu la fragilité, mais aussi la transparence et la limpidité du cristal. Secourable à toute infortune, jamais un malheureux faisant appel à son cœur, ne le trouva sourd à la pitié; jamais elle n'adora le veau d'or!... Plus heureuse de donner que d'autres de recevoir, elle avait l'âme trop haute pour s'enrichir. Elle sema les bienfaits et ne récolta qu'ingratitude. Née pauvre elle est morte pauvre, et pas un de ceux qui lui devaient tant n'a suivi son humble cercueil.

« L'un n'a-t-il pas sa barque et l'autre sa charrue ! »

Va ! noble femme, mieux vaut ton rôle obscur que le lot peu enviable de ceux qui se sont repus de tes dépouilles....

Cependant, en juillet 1870, venaient d'éclater les hostilités dont les péripéties n'ont pas ici leur place.

Mon régiment, couvrant la mobilisation, eut le triste honneur de porter et surtout de recevoir, à Wissembourg, les premiers coups.

Après Frœschwiller, ce fut la retraite sur Châlons, la contremarche connue et enfin la débâcle de Sedan, fruit de cette incohérence.

Echappé à ces désastres, mon régiment, après une marche forcée de nuit, gagna Landrecies, revint sur Versailles, puis sur Avignon pour y réparer ses pertes, et enfin rejoignit l'armée de la Loire.

Je reçus alors de M. Roux les deux lettres suivantes :

16 novembre 1870.

Votre sœur, *prise d'une tendresse tardive*, m'a demandé de vos nouvelles.... J'ai reçu les cent francs envoyés de Bourges.

5 décembre 1870.

.... J'ai reçu votre lettre du 2, contenant cent francs.

Ces envois demandent explication.

Le canon de Frœschwiller nous ayant appelés dès le matin sur le champ de bataille, tentes et bagages laissés à la garde des éclopés avaient été enlevés avec eux. La première de ces sommes représentait une indemnité pour la perte de mes effets personnels.

Quant à la seconde, aussi ingénument mise en sûreté, voici sa provenance.

Pendant l'évacuation d'Orléans par les Bavarois, je m'étais, avec mon peloton, embusqué près d'une ferme à l'embranchement des routes d'Artenay à Étampes et à Chartres, par où s'écoulait leur arrière-garde. De là, j'attendais chape-chute.

C'était, si je me le rappelle, le 14 novembre 1870. Neige aveuglante. Vers quatre heures, j'aperçus dans l'obscurité naissante une troupe à pied cheminant péniblement. J'hésitais, craignant une méprise ; mais trahi par nos képis rouges et nos chevaux arabes soudain hennissant, quelques balles me fixèrent, sans toutefois toucher personne. Les gagnant de vitesse, je coupai ces traînards et les refoulai sur Artenay.

Mais derrière le talus du chemin de fer, parallèle à la route d'Étampes, ils pouvaient en l'atteignant nous fusiller à coups sûrs. Sentant le danger, ce ne fut pas sans difficulté, le verglas gênant, que je parvins à le prévenir.

Pendant l'escarmouche, un officier me visa et me manqua de son révolver que j'abattis d'un coup de sabre. Je ne dus mon salut qu'au gant fourré qui paralysa sa main. La balle m'érafla la joue, mais je ne m'en aperçus pas sur le moment.

Heureusement, la rigueur du froid et la nuit croissante empêchèrent l'ennemi, d'ailleurs harassé et démoralisé de se servir de ses armes. Après quelques coups de plat de sabre comme sommation tout se rendit, et je ramenai nos trente deux-prisonniers, dont deux officiers, à Artenay.

Des rigoristes du droit de la guerre ont blâmé ma conduite. En état de légitime défense, n'aurais-je pas dû rendre coup pour coup, et frapper à mon tour ? Peut-être ! Mais quoi ! étaient-ils coupables de la folie qui les avait jetés l'un contre l'autre, ces inconnus de la veille, jeunes hommes de même âge qui, rapprochés dans une autre circonstance, se seraient peut-être estimés et aimés !… Et d'ailleurs dans un duel, n'a-t-on pas vu des gens de cœur attendre, sans vouloir la donner, la mort, et après le duel se tendre noblement la main.

J'ajoute en passant qu'à la suite de cette rencontre, devenu l'ami de l'ennemi reconnaissant, nous échangeâmes nos cartes pendant plusieurs années. Il était de Nuremberg et s'appelait le lieutenant von D.

Le général de Longuerue, à qui je présentai ma prise, me félicita de ce hardi coup de main (ce sont ses termes), et me promit de ne pas m'oublier. Il tint parole et je reçus la croix en juin 1871.

Les cent francs mentionnés représentaient ma part de prise, défalcation faite du butin qui avait retrouvé propriétaire.

Après la triste campagne de l'Est, mon régiment, faisant partie de l'armée de Versailles,.. je reçus de Mme Roux la lettre digne d'attention que voici :

31 mars 1871.

Vous demandez des nouvelles de votre sœur. Rassurez-vous mon cher. *Tant qu'elle a espéré que vous lui laisseriez quelque chose si vous étiez tué, elle a écrit. Mais depuis qu'elle vous sait sain et sauf, vous lui êtes indifférent.* J'ai tout de suite deviné son jeu....

Débiteur d'une certaine somme, on voulait, à tout hasard, en provoquer le legs à son profit. D'où l'étrange et suggestive missive.

La Commune pacifiée, mon régiment avait été retenu près de Versailles.

C'était un des rares régiments qui eût presque intact, survécu aux traverses de la campagne; sa bonne figure militaire l'avait désigné pour la garde de l'Assemblée nationale.

Je manquerais à mon devoir si, à cette occasion, je ne rendais hommage à son chef dont l'énergique valeur avait sauvé de désastres inouïs ce beau régiment, précieuse épave de notre ruine militaire. La modestie de mon cher colonel, s'il vivait encore, ne me permettrait pas de le nommer ; que sa mémoire vénérée pardonne à mon indiscrétion posthume un humble tribut d'admiration.

Entre Versailles et Saint-Germain, sur la lisière de la forêt de Marly, se développait, parallèle à la route, une longue rangée de baraques : c'était le camp de Rocquencourt, créé pour les Allemands. Depuis deux ans à ce poste, je fus un jour avisé par M. Roux qu'il ne pouvait parfaire le trousseau de son fils entrant à la Flèche. Je lui vins en aide selon mes moyens. Voici sa réponse :

25 août 1872.

Je vous accuse réception de cent francs. Grâce à vous, mon fils pourra suivre la carrière que nous lui avons ouverte. Vous êtes un noble cœur.

# CHAPITRE V

## PREMIER... ET DERNIER AMOUR

Depuis 1870 la plupart des régiments ont reconstitué leur historique, relation des faits de guerre auxquels ils ont participé.

Pour coopérer à cette œuvre, j'obtins vers la fin de 1872, un congé valable pour les pays annexés. Pour moi d'un puissant intérêt, je voulais effectuer ce voyage au point de vue militaire, mais surtout en touriste et en toute indépendance, et j'avais renoncé à toute indemnité. La pauvre France, épuisée, n'avait-elle pas à payer son énorme rançon! L'année précédente, pour l'y aider, j'avais même offert à mon colonel l'abandon de la moitié de ma solde annuelle. Mais tout en louant un sacrifice qui en eût engagé d'autres moins spontanés, il le déclina sagement.

Arrivé directement en Alsace, je visitai le funèbre champ de Wissembourg, où de modestes croix noires, portant des noms allemands, mais surtout français, s'élevaient à perte de vue, ici groupées, là isolées, rappelant les tragiques épisodes dont l'ensemble avait formé le terrible drame de la bataille. Non sans une profonde émotion, je m'inclinai devant le haut tumulus, ossuaire d'un régiment de turcos surpris et décimés près de la gare, et sur la tombe du malheureux Abel Douay, première victime de son aveugle et illusoire sécurité.

Marchant à l'aventure, je rencontrai les bords accidentés d'une rivière, la Lauter, dont la vue évoqua l'image du héros qui les avait illustrés.... Quel contraste entre les gloires du passé et les hontes du présent!

Puis, rétrogradant comme l'armée refoulée, j'atteignis un champ de bataille autrement lugubre encore, Reichshoffen.... Là était rangée, prête à la charge, la superbe division de cuirassiers; ici était massée, prête à la rescousse, notre brigade légère. Et je revoyais l'éclair impressionnant des milliers de sabres soudain brandis, la lourde masse s'ébranlant avec un bruit sourd de tonnerre. Puis, une hésitation, un arrêt inexplicable; puis un tourbillonnement confus sous la grêle de mitraille.... Et tout à coup, des revenants défigurés, mutilés, méconnaissables, restes informes de la troupe altière, maintenant rompue et brisée, spectres effarés

et hagards, cavaliers sans chevaux, chevaux
sans cavaliers, traînant des membres fracassés
et pantelants.... Et nous-mêmes, impuissants,
emportés par l'irrésistible tourbillon, cédant à
l'effroyable trombe d'obus, hachant, broyant et
fauchant tout comme un champ de blé mûr.
Ah! l'infernale vision! En la revivant, je sentais
couler mes larmes.

Un souvenir plus gracieux m'appelait, l'au-
berge où, harassés par une longue marche de
nuit, après Wissembourg, nous avions la veille
de la bataille, jour de fête pour des soldats,
dîné joyeux et insoucieux du lendemain. Je
reconnus la jolie fille qui, deux ans auparavant,
répondait à nos agaceries par des éclats de rire
montrant ses dents blanches. Dans ses yeux
chercheurs, je lus une vague réminiscence que
je n'osai préciser.

Poursuivant mon douloureux itinéraire, je
refis, jusqu'à Bitche, le chemin de la déroute,
reconnaissant ici un bivouac boueux dans la
nuit glaciale, là un pont sauté barrant la route,
plus loin une cohue débandée, proie facile qu'il
avait fallu protéger contre une poursuite éven-
tuelle.

Ici un canon embourbé, là des voitures éven-
trées et chavirées ; partout casques, shakos,
sacs et armes jonchant la route et les fossés.

Plus loin, des chevaux ensanglantés, lamentables épaves de la débâcle, enfin tombés pour mourir, dont les yeux angoissés nous reprochaient leur abandon....

Ne pouvant quitter l'Alsace sans revoir Strasbourg, la glorieuse martyre, je m'y rendis, pèlerin solitaire, arpentant tristement en étranger les chemins jadis parcourus en escadrons joyeux, confiants et chantants.

Errant parmi des ruines amoncelées, je me demandais si c'était bien la même ville qui, deux ans auparavant, nous avait acclamés de cris enthousiastes et de rues pavoisées.

Contraste saisissant! Au lieu de l'uniforme familier éveillant sympathie et bienvenue, une noire fourmilière de soldats étrangers, hideux nécrophores accourus à la curée du cadavre.

Se hâtant pour échapper au contact odieux, des ombres silencieuses disparaissaient dans les rues désertes et mornes.... Des dames, à la toilette tricolore, déployant fièrement les couleurs proscrites; d'autres s'interdisant la langue abhorrée et maudite; d'autres, par leur visage et leurs vêtements endeuillés, criaient, protestation vivante, la révolte de la cité violée.

Pénétré de compassion pour celles qui, frappante image de la désolation, pleuraient à la fois famille et patrie, je résolus dès lors de prendre pour compagne une de ces nobles réfractaires, assuré que, sa foi donnée, elle ne serait pas moins fidèle à l'époux qu'à la patrie de son choix.

De mes trois mois de liberté, je décidai donc d'en consacrer une partie à la réalisation de ce vœu et à la collection des notes sur la défense où s'étaient distingués des soldats de mon régiment échappés au précédent désastre. Je comptais en outre utiliser mon séjour pour me perfectionner dans la langue allemande.

A cette fin, entré un dimanche dans un temple, j'allais me retirer en entendant parler français lorsque je me sentis captivé par une parole chaude, vibrante, éloquente, écoutée dans un religieux silence. Mon étonnement redoubla quand le prédicateur, en termes émus appela la bénédiction du Ciel sur la patrie. Cette patrie, qu'il ne nommait pas... ce n'était pas, l'Allemagne.... Touché, stupéfait de cette témérité sous un régime de fer, je questionnai mon voisin au costume alsacien.

J'appris ainsi que le courageux pasteur qui, avant la guerre, ne prêchait qu'en allemand prétendait l'avoir subitement oublié par la commotion du siège. Et personne n'avait osé molester l'objet de la vénération générale.

Désirant lui payer mon humble tribut, je sollicitai l'honneur, gracieusement accordé, de lui être présenté. Ensuite déclinant ma mission, je lui demandai quelques notes pour mon carnet.

Il m'en fournit une si riche moisson que je ne pus tout utiliser. Mais, ce qu'il ne pouvait dire, c'est sa belle conduite pendant le siège....

Entre plusieurs ouvrages distingués dont il est l'auteur, il m'avait offert, à titre de documents, un opuscule, STRASBOURG *avant et pendant le siège*, où pleurent la douleur et la pitié. On partage ses angoisses de père et de citoyen. On voit sa maison trouée par les obus, sa dernière fillette, bébé de dix-huit mois, sauvée dans ses bras, petit être inconscient riant d'aise au milieu des détonations, et des bombes, pour elle merveilleux feux d'artifice. On entend les cris des blessés recueillis sous son toit et le crépitement de l'incendie, dévorant la cité avec le sourd mugissement d'une mer en furie. On ne peut lire ces pages poignantes sans larmes d'émotion.

La perte du vaillant pasteur datant de quelques années à peine, sa longue carrière a été couronnée par une verte vieillesse. Son indéfectible patriotisme fut une intrépide protestation du droit contre la force, contre l'attentat de l'annexion.

Héritier de cet idéal de justice, un de ses fils lui a sacrifié une brillante situation.

Je ne me permettrai pas de prononcer ici un nom pour moi sacré. Tout ce que je puis dire, c'est qu'il était l'ami d'un autre Alsacien de grand cœur et de grand nom, *Ed. About*, qui a fait de

lui le héros d'un de ces contes charmants où
il peint si bien sa province natale.

Plusieurs fois admis au foyer toujours hospi-
talier à qui rappelait la patrie, il me fut donné de
contempler un intérieur idéal : cinq à six garçonnets et fillettes d'une tenue, d'une correction
militaires, rangés par ordre de tailles entre
leurs parents, les plus petits près de la mère.
Fasciné par ce gracieux tableau : « Suis-je dans
la maison de *Charlotte*? » me demandais-je en
voyant celle que j'aurais pu prendre pour leur
sœur aînée — c'était la seconde femme du
pasteur — leur distribuer des tartines propor-
tionnées à leur taille et à leur appétit, et que
chacun recevait avec un remerciement si affectueux et si tendre qu'on y sentait autre chose
qu'une banale formule.

En le quittant, je confiai au patriotisme de
mon éminent ami mon vœu patriotique. Il l'accueillit d'un sourire bienveillant, mais réservé.
Ni approbation, ni improbation.

Puis reprenant mon voyage, je voulus revoir,
douloureux pèlerinage ! un théâtre plus odieu-
sement célèbre encore que les précédents, Sedan,
qu'une bouche française ne prononce qu'avec
horreur, Sedan, où étaient tombés, criblés par
l'aveugle mitraille de canons invisibles, des
milliers de soldats sans défense. Là avait été
frappé mon plus cher camarade avec qui devi-

sant d'avenir et de bonheur, je cheminais gaîment la veille ; là s'était sacrifié, dans une charge désespérée, l'héroïque Margueritte.... Pieusement, je cueillis quelques brins de l'herbe abreuvés de ce sang généreux.... Plus loin je reconnus l'endroit où mon abri de branchages avait été renversé la nuit par un coup de canon, signal, je l'ai su depuis, du complet investissement. Là-bas, trouvant un pont coupé au retour d'une reconnaissance, j'avais traversé la Meuse à la nage.... Dans ce défilé, franchi sous des feux de salve, j'avais vu tomber sous sa monture un tout jeune camarade, encore sous l'uniforme de Saint-Cyr....

Mon congé tirant à sa fin, je remis à plus tard mon excursion sur la Loire et dans le Jura, et rejoignis mon régiment, porteur de renseignements dont mon bienveillant colonel se déclara satisfait.

Rentré depuis deux mois au camp de Rocquencourt, je reçus un jour de mon hôte vénéré de Strasbourg, l'indication d'un rendez-vous auquel, très intrigué, je n'eus garde de manquer. Au lieu désigné, c'est-à-dire au pied de la statue douloureuse qui personnifie nos regrets et nos espérances, je trouvai un jeune homme d'aspect ouvert et sympathique qui, comme signe de reconnaissance me présenta sa carte où je lus un nom appelé à devenir celui d'un médecin distingué.

La conversation, qui roula d'abord sur sa ville

natale, dont nous pleurions ensemble la perte, me révéla de précieuses qualités d'esprit et de cœur. Puis, par une transition naturelle :

— Êtes-vous toujours disposé à épouser une Alsacienne? demanda-t-il.

— Ah! plus que jamais, tout ce qui m'a frappé dans la chère cité n'a fait que me confirmer dans cette résolution.

— Eh bien! reprit-il avec un mystérieux sourire, partez au plus tôt, et peut-être trouverez-vous là-bas l'objet de vos rêves.

Je ne me fis pas prier pour suivre le conseil de l'aimable médiateur, qui, deux jours après, m'accompagna jusqu'à la gare de l'Est. En me quittant, il m'apprit, non sans émotion, qu'il s'agissait pour moi de sa propre sœur, de sa sœur unique qu'il adorait, et, en raison du vif penchant que j'éprouvais déja pour lui, je ne pus cacher ma joie, à la pensée de donner bientôt, à mon sympathique ami, un nom plus doux encore.

Pendant la nuit du voyage, enfiévré de crainte et d'espoir, tout sommeil me fut interdit. Pour tromper ma veille impatiente, je relus la délicieuse idylle d'*Hermann et Dorothée* dont mon naissant roman d'amour était la frappante image. L'union rêvée n'avait-elle pas aussi pour cause les malheurs de la Patrie? N'y retrouvais-je pas la main tutélaire d'un sage et intelligent pasteur?

Une même communion de douleur et de piété ne serait-elle pas pour nous aussi un gage d'idéale félicité?

Oui! comme *lui*, neuf et pur de sentiments et de cœur, j'allais rencontrer une fiancée charmante qui, pure et chaste comme *elle*, embellirait le reste de mes jours.

Arrivé, la propre femme du pasteur voulut me présenter elle-même à la famille amie par elle disposée en ma faveur.

Le patriotisme de la noble Française avait compris le mien, et c'est à ce titre qu'elle favorisait une alliance symbolisant, à ses yeux, le lien de la triste Alsace à la mère patrie.

Nous fûmes reçus par une femme encore jeune et belle, qui, veuve récemment, en deuil, vivait, très retirée, avec son second fils et sa fille. La présentation faite, une porte s'ouvrit, et je vis apparaître une grande et belle enfant, d'une souveraine distinction. Paralysé par la surprise et l'émotion, je ne pus articuler une parole. Fasciné, j'éprouvais ce que Stendhal, appelle avec raison le coup de foudre; mon cœur en désarroi faisait entendre des battements précipités, pour tous perceptibles. Indulgente à un silence dont elle devinait la cause, elle vint modestement s'asseoir près de sa mère pour me permettre de recouvrer mon calme. Quand elle parla, ce fut un autre enchantement; ses dents bien rangées étaient

saines et blanches et sa voix d'une ineffable douceur.

Son front, lisse, élevé, couronné d'une opulente et soyeuse chevelure d'un blond foncé
presque châtain ; ses yeux, brillants et limpides
d'un bleu changeant jusqu'au noir, son maintien,
son aisance et sa grâce, tout cet ensemble séduisant me révélait pour la première fois la vraie
beauté de la femme.

Comme celle de sa mère, sa toilette sombre
était sobrement élégante ; d'ailleurs, je la remarquai à peine, entièrement captivé par ce lumineux
visage.

Une soirée réunissant quelques parents auxquels je devais être présenté, j'eus la bonne fortune de me concilier le bienveillant aréopage.
Avec quelle joie je me vis agréé, sinon encore
comme fiancé, du moins comme aspirant à ce
doux grade.

Sur le superbe piano que, l'année précédente,
avant de se séparer pour toujours de son idole,
lui avait donné son père, elle fit résonner les
premières notes d'un brillant prélude, et soudain
captivés, tous, pour l'écouter, firent un religieux
silence. Oh ! le ravissement où elle jeta son auditoire attentif ! Jamais plus purs accents, plus
suaves accords n'avaient charmé des oreilles.
Emporté loin du monde réel sur les ailes de
l'idéal, je goûtai l'extase d'une harmonie céleste.

Sollicitée par acclamation, la gracieuse artiste fit entendre, magistralement accompagnée sur l'instrument sonore, les strophes enflammées qui ont fait palpiter tant de cœurs. Et ces exilés, fils arrachés à leur mère, saluèrent tête nue et les yeux en larmes l'hymne sacré qui la personnifiait dans leur fidèle souvenir.

En raison de la température, les fenêtres du salon étaient ouvertes. Tout à coup en face, retentit une salve de bravos frénétiques. C'était, dans la caserne voisine, dont nous séparait la rue, un groupe de hulans attirés, comme des phalènes, par l'éclat des lumières.

Et coup sur coup, je connus deux sentiments extrêmes : la joie, telle que jamais avant, jamais après, elle ne m'a été donnée, d'ouïr notre chant national ainsi interprété ; puis la douleur d'entendre, dans cette ville hier encore française, nos insolents vainqueurs applaudissant ironiquement, comme à Sedan, notre Marseillaise....

Mais fermant volets et rideaux, on replongea dans l'ombre ces obscurs blasphémateurs.

Ah ! je conseille aux sceptiques un pèlerinage au cher pays, prix de notre rançon où, moins que chez nous, on est oublieux.

Les entrevues, de plus en plus intimes, se succédèrent pendant les quelques jours qui m'étaient encore mesurés, et que l'on s'ingénia à me rendre d'autant plus agréables. Dîners, visites et promenades alternaient où, de plus en plus, je buvais à longs traits la douce ivresse du premier amour.

Par une chaude après-midi d'avril qui, cette année-là, fut exceptionnellement doux, une excursion fut organisée pour Kehl. La route était bordée de prairies superbement émaillées. On s'extasia devant la magnificence de ce tapis, œuvre de l'incomparable artiste qu'est la nature.

Prévenant son désir, j'offris à leur admiratrice un bouquet de ces fleurettes que plaisamment, elle prétendit odorantes. Pour m'en assurer, saisissant une main charmante, j'aspirai à longs traits, non sans frôler de mes lèvres des doigts fuselés, le prétendu parfum. Je perçus, en effet, un arôme des plus suaves que j'attribuai aux innocentes pâquerettes, mensonge dont chacun se mit à rire et qui carmina deux jolies joues.

Rêvant de cette scène idéalisée par l'adorable sylphilde, j'essayai d'en retracer l'impression dans ces rimes improvisées, inélégantes, aussi indignes, hélas ! des humbles marguerites que de celle qui les avait distinguées.

### FLEURS D'AVRIL

Pauvre petite fleur des prés,
Des prés verts humble et frêle reine,
Aux yeux d'or, aux cils empourprés,
Pâque vermeille est ta marraine.

Fleur virginale en ta beauté,
Ta beauté simple et sans parure,
Tu dis au regard enchanté
L'éveil charmant de la nature.

En nos cœurs tu verses l'espoir,
L'espoir du printemps qui s'apprête;
Sur les gazons est belle à voir
Ta blanche étoile, ô pâquerette.

Fidèle oracle des amours
Dont elle annonce la durée :
— *Il m'aimera beaucoup, toujours*
Dit ta corolle consultée.

Pâque fleurie, au ris si doux,
Ris prometteur comme une aurore,
Quels chants de fête amène en nous
Ton nom joyeux, frais et sonore.

Rustiques et modestes sœurs,
Filles d'Avril, ô pâquerettes,
Primevères et violettes
*Nous saluons vos trois couleurs.*

Enfants hâtifs d'une muse inhabile, mais
nuancés d'un double amour, ces versiculets me
valurent le lendemain un sourire approbateur :
prix d'une légère insomnie que j'aurais payé de
tous les lauriers poétiques.

Jeux innocents, joies enfantines de l'amour
heureux, que de fois je vous ai revus et pleurés !
Heures bénies où pour la première fois le cœur

goûte à la divine ivresse, heures délicieuses et fugitives, songe rapide et décevant, que de vies je donnerais pour vous reconquérir et vous savourer encore !...

Cependant les derniers instants m'étaient comptés. Après huit jours trop hâtifs, huit heures d'un rêve enchanté dont on ne voudrait jamais s'éveiller, il fallut partir.

Mais j'avais retrouvé une famille : une mère digne de tout respect et de toute affection, sur qui j'allais reporter l'amour débordant qui sommeillait depuis tant d'années et que je n'avais pu dépenser pour celle si prématurément perdue; deux frères, d'une intelligence, d'une distinction égale à celle de leur sœur, à qui comme à elle, je m'étais déjà voué cœur et âme. Accepté de tous avec le titre si doux, si poétique, si radieux de fiancé, après avoir échangé avec ma belle promise l'anneau d'or, emblème de la foi donnée, je rentrai en France, le cœur ivre d'une triomphante allégresse, pour accomplir les ultimes démarches.

Cette union, idéal et vœu du plus pur patriotisme, était le comble du bonheur. Si comme Turenne je n'avais pu rendre à ma patrie la chère province perdue, j'en avais du moins reconquis une parcelle dans la personne de l'une de ses plus nobles filles. Hélas !

Mais avant de rouvrir une plaie toujours saignante que le temps n'a pu cicatriser ; avant de gravir une fois de plus mon douloureux calvaire, qu'il me soit permis de revivre un instant encore les heures à jamais perdues d'une trop brève félicité.

Un échange journalier de lettres ne suppléant pas la chère présence, j'eus un jour l'agréable surprise d'apprendre que l'aimable fille, se souvenant fort à propos qu'elle ne l'avait pas vu depuis longtemps, venait passer quelques semaines à Paris près de son frère aîné.

Et quelle joie de la rencontrer près de sa mère soit à Paris, soit aux environs de Versailles, quand me retenait mon service. Et sous les frais ombrages de Marly et de Saint-Germain, fleuris et parfumés par un soleil printanier, ce fut une idylle que tout cœur épris d'un tel amour peut se figurer, mais que ma plume impuissante ne saurait dépeindre.

Dans un élan de foi juvénile, je pouvais alors m'écrier avec le poète :

O temps de rêverie et de force et de grâce !
Attendre tous les soirs une robe qui passe,
    Baiser un gant jeté !
Vouloir tout de la vie, amour, puissance et gloire !
Etre pur, être fier, être sublime et croire
    A toute pureté !

Après une attente abrégée par l'innocent stratagème, mais trop longue encore au gré de mes désirs, l'autorisation de mariage, enfin arrivée, il fallait rentrer à Strasbourg pour les dernières formalités.

Pour diminuer d'autant cette nouvelle absence j'accompagnai jusqu'à Meaux les chères partantes. Là, force me fut enfin de les quitter.

C'est là que, prenant congé de la jolie voyageuse, je lui dis un adieu qui devait, hélas! être éternel; là, que j'aperçus, pour la dernière fois, la forme svelte, harmonieuse et charmante, que jamais plus je ne devais revoir....

Pour tromper l'ennui de mon retour solitaire, tout pénétré du charme de la magique vision qui venait de s'évanouir, j'essayai d'accoupler quelques rimes, écho bien affaibli de l'hymne céleste que chantait mon âme. Le cœur heureux, comme un oiseau grisé des printaniers effluves, n'éprouve-t-il pas l'irrésistible besoin de clamer son bonheur! Pour le cœur, ailé d'idéal, comme pour les hôtes légers des airs et des bois, le chant n'est-il pas le langage et la poésie de l'amour! Voici mon humble poème.

### PRINTEMPS D'AMOUR

Je l'ai revue enfin, mon idole adorée!...
Lorsque, d'un vif émoi sa bouche colorée
   En souriant m'a dit bonjour,
Saluant à mon tour la blonde jeune fille,
Sur sa lèvre ingénue et dans son œil qui brille
   J'ai pu lire un aveu d'amour.

Ebloui, j'admirais la grâce de cet ange,
Unique et pur objet d'un culte sans mélange,
  Idéale âme sœur,
Radieuse beauté dont la seule présence
Semblait donner au jour plus de magnificence,
  Au soir plus de douceur.

Nous cheminions heureux sous la voûte étoilée
Où la lune parfois, d'un nuage voilée,
  Versait sa discrète clarté;
Sur le front nimbé d'or de la vierge splendide,
Palpitant j'attachais un long regard humide
  D'ivresse et de félicité.

Sous un dôme embaumé de neigeuse aubépine
Le rossignol chantait, de sa voix argentine,
  La saison des amours.
Et la nature en fête, à nos âmes ravies
Paraissait célébrer, en mille mélodies,
  Le plus beau de nos jours.

Depuis son départ, âme en peine, ou plutôt corps sans âme, fuyant toute autre joie, j'errais dans les lieux aujourd'hui désolés et mornes, hier encore égayés et animés de sa voix. Refaisant seul ces chemins familiers, j'étais heureux de reconnaître l'empreinte élégante d'un pied charmant.... Chaque objet m'était un cher souvenir....

Ce buisson de lilas, cette touffe de violettes, aujourd'hui dépouillés, me rappelaient le précieux sourire dont elle avait payé quelquesunes de ces fleurs.... Sous ce grand hêtre, surpris par l'orage, un abri improvisé de branchages et de fougères avait préservé des toilettes immaculées.... Voici le platane dont l'écorce propice et discrète avait reçu le nom sacré à nul autre, depuis, révélé.... Dans cette clairière, inexplorée et sauvage, j'avais cueilli des muguets au parfum moins suave que celui de sa personne; des clochettes d'albâtre encadrées de feuilles glauques, j'avais paré son corsage aux gracieux contours et senti battre son cœur.... Pour franchir ce ruisseau, soutenant ses pas hésitants, j'avais chancelé d'émotion sous le poids léger du corps souple et gracile qui s'était fié à mon bras....

Dans un Eden incomparable, une Ève charmante m'avait révélé les trésors insoupçonnés d'un cœur pur et d'une âme divine....

Pour l'enchanteresse qui m'avait enivré du philtre magique que versent deux yeux adorés étaient toutes les pulsations, vibraient toutes les fibres de mon être; lui appartenant sans réserve, avec elle je voulais vivre, sans elle, mourir!... A la révélatrice de la joie suprême, ineffable, d'aimer et d'être aimé, je jurais infinie reconnaissance, immuable, éternel amour. Ce bonheur palpable, tangible, je n'avais plus, croyez-vous, qu'à étendre la main pour le saisir et le réaliser.... Ah! qu'il y a loin de la coupe aux lèvres!...

Hélas! comme ce tyran de Samos, connu par son symbolique anneau, j'aurais dû me méfier de la fortune et de son sourire.... J'étais trop heureux, et déjà, caché sous les fleurs que je foulais, le serpent jaloux guettait sa proie.... Ah! maudit le démon qui de la félicité du ciel m'a plongé dans les tourments de l'enfer....

# CHAPITRE VI



ADIEU! BEAU RÊVE...

Aussitôt après mon retour de Strasbourg, je m'étais, dans ma foi naïve et confiante, non encore déçue, empressé d'annoncer mon mariage à la famille Roux qui, dans la pensée d'une mourante, remplaçait la mienne. Pour l'associer plus intimement à ma félicité, j'adressais à la demoiselle de la maison une superbe écharpe de soie, prévenant en même temps que les quelques centaines de francs qui m'étaient dûs, allaient m'être nécessaires. Mme Roux me répondit :

Si votre oncle devait rester en activité, il nous serait facile de vous rembourser, mais sur le point d'être mis à la retraite, d'où voulez-vous que, sans appointements, nous tirions de l'argent?

Blanche vous remercie de la ceinture que vous lui avez envoyée; elle comptait vous écrire, mais, etc.

Loin de m'adresser un mot de félicitation

pour mon mariage, on voulait l'ignorer. C'est que ce malencontreux projet venait troubler la douce quiétude d'un paisible confort. Qu'importait que cette somme me fût nécessaire? On me disait sans ambages : « Faites-en votre deuil, on ne peut vous rendre. » Procédé commode pour solder ses créanciers.

Grande fut la déception que m'apporta cette lettre... Ne pouvant à l'étranger me marier en uniforme, j'avais compté sur cette réserve pour frais d'habits, de voyage et autres.

Ah! plutôt que de se dérober et de faillir dans une heure aussi grave, ma pauvre mère se fut dépouillée.... Quant à son frère, il n'en manqua ni un coup de fourchette ni un calembour, spécialité de cet homme d'esprit.

Alors commencèrent de perfides manœuvres, en vue d'empêcher un mariage importun.

Précédemment, Mme Roux m'avait proposé un parti non moins avantageux pour elle que pour moi, en raison du courtage escompté; l'échec de ce plan fut tout le secret de son hostilité..

Première pierre d'achoppement : la religion. Protestante! Quelle tare pour ces farouches sectaires qui, du reste, n'avaient de leur foi que l'étiquette et le masque.

Saine de corps et d'esprit, intelligente, instruite et distinguée, parlant et écrivant purement

le français, l'anglais, l'allemand, excellente musicienne, et d'éducation accomplie, tous ces avantages que présentait ma fiancée eussent séduit
toute mère pour son fils; mais en celle qui
s'était permis de me plaire sans son assentiment,
qui, de nature supérieure et réfractaire à toute
intrusion, ne se prêterait pas à une dictature
intéressée, ces qualités étaient autant de défauts.
Sotte, ignorante et laide, mais grassement dotée, elle eût paru charmante à la femme adroite
qui eût su tirer parti de ces dons précieux.

N'osant combattre ouvertement mon projet,
elle le minait par des insinuations perfides, colo-
rées de la plus sincère affection.

Je vais vous parler franchement, m'écrivait la
dangereuse duègne. Nous trouvons sa photographie
très jolie, trop jolie même avec un air hautain
et altier.... Méfiez-vous d'une vaniteuse infatuée de
sa beauté; elle pourrait vous mener loin....

Altière et hautaine! voilà les vices rédhibitoires invoqués contre la pauvre fille. Une simple
photographie avait révélé cette tare capitale qui
n'était — on n'avait garde d'en convenir —
qu'un air d'extrême distinction. Mais la supé-
riorité d'une autre femme, c'est ce que pardonne
le moins une âme basse et jalouse.

Fée malfaisante placée sur mon chemin, cette
femme néfaste me sentait heureux, et ce

bonheur, où elle n'était pour rien, était pour elle une sorte d'affront et d'outrage. De dépit, de rage concentrée, perdant appétit et sommeil, elle tomba malade, mais jura de se venger. Rusée, cauteleuse, souple et venimeuse, elle mit tout en œuvre pour y parvenir.

Après s'être attaqué à sa personne, on s'en prenait à l'apport de ma fiancée, et cet oncle, modèle de désintéressement, m'écrivait :

La dot est bien juste réglementaire. Dans ces conditions, les instructions parues sur cette matière laissent au ministre la faculté d'examiner s'il y a lieu d'accorder le mariage, eu égard au grade.... *Fille de chevalier*, la totalité de la dot pourrait n'être pas exigée.... Dans la position où vous vous trouvez, vingt-quatre mille francs pourraient n'être pas jugés suffisants.... Enfin, une dernière recommandation, ne vous affublez jamais d'une belle-mère....

Quelles circonlocutions, quel pathos entortillé pour me persuader que la dot était trop légère !

Quoi qu'insinuât une cupidité mal déguisée, elle était régulièrement et solidement constituée en rentes nominatives 5 %; mais M. Roux, qui n'avait eu pour apanage qu'un problématique bureau de tabac, nourrissait, moins pour moi que pour lui-même, de plus hautes visées, que ne justifiait cependant pas un très modeste officier de fortune.

*Une fille de chevalier*, insinuait-il, pouvait en partie se passer de dot.

En présence de cette suggestion singulière, je me suis souvent demandé si l'excellent père n'avait pas un intérêt personnel à la rupture si ardemment poursuivie; s'il n'entendait pas régler un vieux compte de conscience et acquitter d'un seul coup sa dette envers la mère et le fils, tout en faisant un placement avantageux de sa propre fille; si, dans ce cas, il n'eût pas admis l'insuffisance et même l'absence de dot.

S'il est ridicule à un homme de se targuer de son extérieur, travers que je n'ai jamais eu, je puis du moins dire, qu'à défaut d'esthétique, je possédais vigueur et santé, vraie parure de l'homme, que m'avait value une jeunesse exempte d'excès et d'abus. D'une taille bien prise, un peu au-dessus de la moyenne, je portais, sans le déparer, l'élégant uniforme de chasseurs relevé du ruban rouge. Avantage dont j'étais d'ailleurs inconscient, je paraissais, après la trentaine, bien au-dessous de mon âge.

Si, d'après un couplet connu, le vin, l'amour et le tabac sont le passe-temps du soldat, je ne faisais pas, je l'avoue, honneur à ce dicton flatteur. Je n'ai jamais trouvé d'attrait à me parfumer de l'arôme d'un cigare. De même pour le jus cher à Noé qui ne m'a jamais versé les pavots de son ivresse. Quant à « l'amour, maître du monde », élevé par une mère d'une exquise délicatesse, je le concevais moins par les sens que par le cœur, moins comme une sensation que comme un sentiment, moins sous l'aspect du plaisir que sous le rôle créateur de la famille, et j'ai toujours respecté dans la femme celle qui m'avait donné l'être. De ces vertus négatives, je ne tire aucune vanité.

Lieutenant décoré à trente-trois ans, cas même alors exceptionnel, de conduite, de mœurs irréprochables, j'étais donc, pour une fille sans dot, un parti sortable que, faute de mieux, il fallait se réserver.

Que pouvait peser, auprès de cette considération, mon désespoir et celui de ma fiancée, obstacle à de si beaux projets?

Ne vous affublez pas d'une belle-mère....

Conseil qu'il était bien fondé à me donner, ce modèle de piété familiale qu'était M. Roux.

Ici, le calomniateur, intéressé à l'abjecte besogne, s'évertuait à noircir la femme qui avait le tort d'être la mère de ma fiancée. Ne savait-il donc pas qu'aux yeux de celui dont la mère avait été le seul amour, la tendresse de ses enfants avait sanctifié cette autre mère à qui j'aurais été heureux de donner ce nom si doux que, depuis tant d'années, je ne prononçais plus...

Le mauvais vouloir et les entraves apportées
à mon mariage par le représentant de ma famille me causaient une peine infinie. Afin d'en
triompher, afin surtout d'engager mon débiteur
à se procurer, même par un emprunt, la somme
indispensable, j'adressai à sa fille un autre cadeau. Voici la réponse, muette comme la première, de ce parent sourd à cet égard :

Votre mariage ne me va pas du tout.... Vous allez
vous mettre dans la misère avec une femme aux
goûts dispendieux.... L'amour du luxe est un apport
dangereux dans un ménage d'officier sans fortune....
Une femme qui en est possédée est capable....
Votre bonne tante me charge de vous remercier
des attentions délicates que vous avez pour sa petite
Blanche, etc.

C'était un parti pris bien arrêté : mariage et
remboursement, conséquence l'un de l'autre, on
ne voulait rien savoir. Insinuations blessantes,
critiques passionnées, injurieuses, tout était bon
pour se débarrasser de ce cauchemar.
Dans le pressant besoin d'argent qui me pa-
ralysait, j'exposai, dans une troisième lettre, ma
situation navrante, désespérée, réclamant, sinon
la totalité, du moins les deux tiers ou la moitié
de ma créance. Je me réduirais, disais-je, au strict
nécessaire, ma fiancée renonçant, en raison de
son deuil, à toute dépense non indispensable.
Voici la réponse :

Comme proche parent, je vous déclare que j'empêcherai votre mariage par tous les moyens possibles.... Seriez-vous devant le magistrat que vous devriez répondre : non !... Souffrez, pleurez, mais rompez....

Entre son devoir et son intérêt, M. Roux n'hésitait pas ; il trouvait plus expédient de rompre mon mariage que de sortir de sa poche les quelques centaines de francs qui m'auraient sauvé.

Ce silence obstiné et significatif, cet art d'éluder, déguisé sous une sollicitude alarmée, toute cette rouerie mesquine et grossière, n'avait pas encore désabusé ma confiance invétérée.

Comment ai-je pu subir l'influence de parents dépourvus de l'autorité morale que donne une réelle et sincère affection ; pourquoi n'ai-je pas secoué comme un cauchemar cette emprise occulte et malfaisante ? La cause en est l'état d'esprit où j'étais alors.

Du commencement à la fin acteur et témoin des désastres qui avaient accablé la patrie, ma sensibilité native en avait été profondément affectée.... Des spectres mutilés et sanglants passaient devant mes yeux enfiévrés comme les ombres horrifiantes d'une lanterne magique. Puis revivant les traverses de ma mère, son agonie solitaire et désespérée, sa mort dans l'abandon où sa fille en couches n'avait pu l'assister, je la voyais ensevelie vivante par des mains étrangères et hâtives.... Et l'horrible vision me dressait dans mon lit avec un cri d'épouvante....

Toutes ces scènes que ressassait en les exagérant mon imagination maladive ; tout ce passé douloureux qui m'enivrait de tristesse ; tous ces souvenirs que je ne pouvais chasser, me poursuivaient sans repos ni trêve : sorte d'obsession et de hantise, comparable à celle du spectre persécuteur de la légende. Naturellement enclin à la mélancolie, mon caractère s'était encore assombri depuis la guerre.

Ces tragiques événements m'avaient si profondément impressionné et frappé que la vie m'apparaissait comme à travers un voile de deuil ; je ne la voyais plus qu'en noir ; elle n'était plus à mes yeux qu'un immense cimetière peuplé de tombes où moi-même, ombre errante et lamentable, sans sépulture, je cherchais ma place auprès d'un être cher, pour y dormir en paix mon dernier sommeil....

De là une sorte de dégoût de l'existence qui me la faisait parfois envisager comme un fardeau, et la mort comme une délivrance, et souvent je me surprenais à murmurer ce vers de je ne sais plus quel poète :

Mes jours ne valent pas qu'il m'en coûte un soupir.

Mon cerveau malade subissait alors une sorte de dépression morale, d'abandon de moi-même me rendant incapable de réaction, et me livrant sans défense aux suggestions d'un parent que ma mère m'avait appris à respecter, dont je regardais les conseils comme indiscutables et la direction comme infaillible.

J'avais hérité de ma mère les défauts de ses qualités : avec l'honnêteté, une confiance parfois irraisonnée ; avec la sincérité, une crédulité facile à abuser, et, il faut le reconnaître, une certaine indécision de caractère qui me livrait comme un enfant sans défense, à de plus forts et de plus habiles. Loin de me relever de l'abattement dont il me sentait atteint, le charitable couple y vit le moyen d'arriver à ses fins ; il parvint à jeter dans mon esprit malade le trouble et l'irrésolution ; il n'eut de repos qu'après avoir démoli pièce à pièce le laborieux, mais encore fragile édifice de mon bonheur.

Pleurez, insistait le fourbe parodiant un mot célèbre, pleurez et souffrez, mais rompez.

Ah ! je n'ai que trop pleuré et souffert pour avoir cédé à cette funeste inspiration.

« Mon cher fils, » m'eût dit la plus tendre et la plus éclairée des mères, si la mort cruelle ne me l'eût eu sitôt ravie, « épouse en toute confiancé, en toute sécurité la noble fille que ton cœur a choisie; c'est l'âme faite pour la tienne; gardienne fidèle de ton honneur, ange tutélaire de ton foyer, elle sera pour toi la compagne idéale et, pour tes enfants, la mère que je fus pour toi. Je la bénis et je l'aime pour le bonheur qu'elle te donnera, pauvre enfant au cœur tendre, aimant et altéré d'affection qui, jusqu'ici, de la vie n'as connu que les douleurs. Nulle autre femme au monde n'existe pour toi, plus belle et plus digne; hâte-toi de l'épouser, c'est pour toi le ciel sur la terre. »

Ah! mère chérie, pourquoi ne t'es-tu pas levée de ta tombe et n'as-tu pas pour un instant recouvré la voix pour me parler ainsi; pourquoi ton ombre, quittant son éternel repos, n'est-elle pas apparue, comme le spectre d'Hamlet, à ton fils en péril pour le protéger et le sauver?...

Oui! loin de le détourner de ce mariage, ton noble cœur eût approuvé et ratifié son choix, senti que là était, sinon la fortune, du moins le bonheur. Guidée par ton infaillible droiture, jamais ta justice n'eût condamné et repoussé de parti pris, sans l'avoir vue ni entendue, l'élue de ton fils, la fiancée innocente de la faute maternelle, même si la mère eût failli. Ah! mère adorable, tu savais toi, ignorante de la pruderie, de la bigoterie, et sans en afficher les dehors, tu savais pratiquer la plus sublime des vertus : la charité!...

Toujours plus pressantes, tour à tour menaçantes et suppliantes, se succédaient les objurgations. On me sentait perplexe, profondément tourmenté; il ne fallait pas me laisser le temps de me ressaisir, de retrouver ma voie, de sortir de la mortelle angoisse où l'on m'avait plongé, du combat douloureux qui se livrait dans mon esprit; il ne fallait pas me permettre de distinguer enfin entre une affection fausse et intéressée, et un pur et sincère amour. On supposait ce lien nouveau trop récent pour être bien solide, il s'agissait de le rompre à tout prix, même en me brisant le cœur.

Dans l'espoir de les fléchir, j'avais poussé l'aveuglement de la confiance jusqu'à communiquer à ces chers parents quelques lettres exquises de délicatesse, de sentiment et de style.

Votre fiancée, m'écrivait avec une pointe d'ironie l'excellente tante, jalouse d'une tendresse que sa personne et son esprit étaient incapables d'inspirer, votre fiancée ne sait dire qu'une chose : c'est qu'elle vous aime....

Ah! cet aveu naïf, ce témoignage inconscient échappé aux lèvres de son ennemie, est le plus bel éloge quelle pût faire de la noble fille, mais en même temps, hélas! ma condamnation plus encore que celle de la femme haineuse dont les maléfices me l'ont arrachée.

Hélas! pourquoi donc avais-je initié ces parents douteux à ces secrets délicieux que l'on ne confie qu'à une mère; qu'avais-je besoin de profaner mon radieux espoir en le révélant à des gens indignes de ce précieux aveu!...

C'est à mon insu, sans mon consentement que s'accomplit la rupture scélérate, insultante et brutale dont on s'était bien gardé de me communiquer les termes. Ce n'est qu'après coup qu'on me la présenta comme un arrêt sans appel. Ah! que n'ai-je bondi, hurlé d'indignation devant pareille infamie. Hélas! je ne le sens que trop aujourd'hui; neurasthénique inconscient, j'étais l'objet d'un trafic infâme, l'enjeu d'une partie abominable.

L'exploit libérateur consommé, il ne pouvait plus être question de remboursement; c'était même une excellente occasion pour faire un nouvel appel à ma bourse, que j'ouvris largement.

Combien je suis coupable, m'écrivit l'excellente tante, dans les premiers mois de 1874, de ne pas vous avoir remercié plus tôt des robes que vous nous avez envoyées; mais nous avons tant d'occupations....

Croyez-moi, ne cherchez jamais plus une mondaine, mais une femme simple et vertueuse comme votre cousine et votre tante, et vous serez sûr d'être heureux.

Hypocrites condoléances, où éclatait, enfin démasquée, la joie du triomphe! Insinuation ingénue qui trahissait par trop maladroitement l'arrière pensée maternelle.

Depuis sa lettre d'octobre 1873, date de la brutale rupture, M. Roux la regardait comme irrévocable. Cependant, dans mon chagrin et mon désespoir d'une mesure précipitée où j'avais subi, plutôt qu'accepté, le fait accompli, je pouvais renouer ce mariage qui, après l'échec d'agissements criminels, lui eût fait deux ennemis irréconciliables. Craignant de voir s'échapper du piège sa victime enfin désabusée, l'odieux Machiavel, telle une araignée perfide, l'enlaçait de nouvelles trames, toujours plus serrées.

Est-ce pressentiment, est-ce réalité, m'écrivait-il en mars 1874, cette alliance franco-prussienne-allemande m'avait toujours répugné.

« Alliance franco-prussienne-allemande! »
Que d'esprit dans cette trouvaille et quelle plaisante logomachie! Touchant patriotisme chez un officier! Heureux choix d'expressions à l'égard d'une jeune fille qui, chez les Romains, eût mérité la couronne civique!

Sottise, inconscience ou mauvaise foi? Tout cela peut-être.... Mais ce censeur obtus ne savait donc rien de l'histoire, rien de la guerre, rien de l'Alsace, la plus française de nos provinces! Il ignorait donc que tous, officiers et soldats,

nous avions versé des larmes de pitié à la vue
des femmes et des enfants éplorés tendant vers
nous leurs mains suppliantes, nous conjurant
de ne pas les abandonner; des larmes de douleur
et de rage en foulant, pour la dernière fois, le
sol sacré que nous sentions perdu sans retour!...

Était-il incapable de concevoir la piété qui
dictait ma conduite, en rendant à la touchante
exilée sa patrie, dont le seul nom lui mettait les
yeux en pleurs!...

Ne savait-il pas que, refusant l'asile que
la Suisse offrait à la ville amie, la noble fille
était restée dans la ville assiégée, où déjà gi-
saient des mourants et des morts; que, chassée
de sa maison croulée, elle avait, comme ambu-
lancière, secouru sous les projectiles nos soldats
blessés et qu'enfin, la ville rendue, son défenseur l'avait, avec ses vaillantes sœurs en charité, félicitée d'une conduite qui avait fait l'admiration générale!

Puis, après leur entrée triomphale et insultante dans la cité ruinée, ne sentait-il pas quel
courage il avait fallu à l'intrépide enfant pour
affronter les colères allemandes, en arborant crâ-
nement, dans sa coquette coiffure alsacienne, la
cocarde tricolore, emblème du pays aimé!...

Voilà celle que, de la grasse sinécure où il
avait fait la campagne, le farouche patriote osait
traiter de Prussienne!...

Étrange acharnement de la fatalité! Misérable grain de sable, la perte d'une somme infime avait, comme celle de ma mère, bouleversé ma vie, et comme la sienne, consommé ma ruine.

De mon chagrin qu'elle connaissait, une aimable fille, au tendre cœur, assuma la tâche délicate de me consoler, et voici sa lettre, modèle de sensibilité et d'affection.

Vous savez que papa ne gagne pas assez d'argent pour m'acheter une robe. Je vois, arriver le beau temps et les fêtes; maman souffre bien de me voir habillée comme en hiver. Papa ne veut entendre parler de rien, puisqu'il n'a pas le sou et je me vois forcée de passer l'été vêtue de laine si vous ne venez à mon secours. Il ne sait pas que je vous écris : je l'ai seulement dit à maman qui a trouvé l'idée bonne et m'a laissée libre de vous écrire, et je profite de la permission.

J'espère que vous serez assez bon pour m'envoyer quelque chose; je vous le rendrai quand je serai grande.... En attendant votre réponse qui, je l'espère, ne se fera pas attendre, car la Pentecôte approche, agréez....

# CHAPITRE VII



DÉSESPOIR !

Cependant ni les consolations du père, ni celles non moins affectueuses de la fille, également sincères et désintéressées, n'avaient pu me guérir d'un désespoir toujours grandissant.

Vainement j'avais demandé à l'étude, aux exercices violents, à la fatigue mentale et physique l'introuvable diversion ; vainement j'avais passé des jours à cheval, des nuits au travail, rien ne m'avait apporté l'apaisement, rien n'avait triomphé d'un mal incurable....

Le mariage, inopinément appris, de celle dont je ne pouvais chasser le souvenir, avait rompu le dernier fil qui me rattachait à la vie. Désespéré, sentant venir la folie et préférant à celle-ci la mort, j'eus recours au suprême refuge des affligés.

A quatre kilomètres en amont de la ville de Toul, la Moselle, en cet endroit rapide et profonde, coule entre des coteaux boisés. Celui de droite forme un escarpement de trois à quatre mètres tombant à pic sur la rivière. C'est ce site, désert et propice, que j'avais choisi; né près des eaux et bercé par elles, c'est dans leur sein, linceul de tant des miens, que je voulais m'endormir. Mais désireux de ménager la sensibilité de mes chers parents, je devais emprunter la forme irrépréhensible d'un accident.

Afin de vaincre les défenses de mon cheval, qui se fût refusé à sauter de front, j'employai le moyen connu et le fis reculer....

Les pieds de derrière lui manquant, moi lâchant rênes et étriers, nous tombâmes dans le gouffre....

Je tenais beaucoup à ce superbe arabe que maint camarade m'enviait.

Dans le terrible hiver qui fit tant de victimes, refoulés par des chemins perdus dans un pays ruiné, nous avions affronté ensemble faim, soif, périls et souffrances. Souvent la nuit, harassé et chancelant, j'avais trouvé sur son dos quelques instants de sommeil et mon cheval, abandonné à son instinct, lui-même exténué, mais au pied sûr, n'avait jamais failli. Aussi, pour le soulager à son tour, j'avais fait à son côté des étapes entières.

Je m'étais toujours, même après les plus extrêmes fatigues, avant tout occupé de mon cheval. Un soir, dans un misérable village du Jura, après une marche forcée de jour que devait suivre une marche forcée de nuit, ce n'est qu'à force de peine et d'argent que j'avais découvert une botte de foin. Maintes fois il avait partagé mon pain. Et, le jour même de Sedan, je lui avais, de mes mains, dans un champ piétiné, déterré des carottes qui furent, une à une, dévorées par le pauvre affamé.... Je pouvais, à la lettre, l'appeler mon cheval de bataille, car il m'avait porté depuis Wissembourg jusqu'à la Commune; ce compagnon inséparable m'était cher comme un ami. Je savais donc que l'excellente bête, qui justifiait son nom de *Passe-Partout*, sur le dos duquel j'avais passé la Meuse à Sedan, se tirerait facilement d'affaire sans son cavalier....

Mais mon heure n'était pas encore arrivée, car, soit que l'instinct de conservation eût été le plus fort chez l'assez bon nageur que j'étais, soit que le courant m'eût inconsciemment entraîné, je fus rejeté sur la rive opposée.... Revenu à moi, j'aperçus mon cheval paissant à quelques pas, et semblant attendre, comme il l'avait souvent fait, la fin d'un bout de sommeil dérobé à la fatigue du chemin.

Ainsi finit, anodin, ce bain tragiquement commencé.

Ces secousses avaient fini de m'abattre;

tombé malade, je gardai la chambre une dizaine de jours.

Quand, avec mon escadron, j'étais venu en garnison à Toul, j'avais eu la chance de me loger chez une famille accueillante et sympathique. Le mari, alsacien, n'avait pas revu, ne voulait plus revoir son pays germanisé. Chez ces riverains de la frontière, toujours sous le souvenir ou la menace d'une invasion, le sentiment national est autrement développé qu'à l'intérieur du pays, à l'abri de ces transes et de ces rancœurs.

Les horreurs du siège et de l'occupation, une bombe qui, après avoir crevé leur maison, les eût tués s'ils n'avaient eu le refuge d'une cave voûtée, toutes ces avanies avaient avivé la haine de ces patriotes contre la barbarie et le vandalisme ravageurs de leurs foyers.

La ville prise, ils avaient dû loger des officiers dont les vexations calculées et la morgue insultante les avaient encore exaspérés. Remplaçant, à peine disparues, les troupes d'occupation, partout nous avions reçu un accueil fraternel; partout, heureux de le revoir, on avait salué avec allégresse le drapeau tricolore, image de la patrie enfin recouvrée. Je fus donc, dans la généreuse famille où j'avais trouvé mieux qu'une banale hospitalité, traité avec des soins qui m'eurent bien vite remis sur pied, et qui établirent entre nous une sorte d'intimité.

# CHAPITRE VIII

## NOUVEAU PROJET DE MARIAGE

Chez l'avoué dont j'étais le locataire, j'avais fait la connaissance de sa parente et voisine qui passait à son foyer les longues soirées d'hiver.

Sans être absolument jolie, ni de la première jeunesse — trente ans environ — Mlle Marthe de B... avait une expression de douceur qui donnait à son visage, d'un pur ovale, couronné d'une abondante chevelure fauve, un charme particulier.

Douée d'une voix agréable et d'un beau talent de musicienne, elle charmait ses auditeurs qui trouvaient, à l'entendre, les heures aussi courtes qu'agréables.

Mes hôtes, depuis mon accident devenus mes amis, avaient songé à moi pour leur cousine, orpheline et seule au monde.

Malheureusement n'étant pas encore remis du choc qui avait failli m'emporter, ce projet n'eut pas de suites. Cependant, selon ma coutume, j'en avais entretenu la famille Roux, ajoutant que la demoiselle, qui m'était bienveillante, possédait une dot quatre fois réglementaire. La réponse ne se fit pas attendre :

1<sup>er</sup> septembre 1874.

C'est affaire à cultiver, m'écrivait-on. Cent mille francs de dot ne se rencontrent pas facilement.... Songez qu'avec pareille aubaine vous pourriez venir en aide à votre famille. Décidez la belle, et je ferai la demande....

Il n'est plus ici question de religion, de moralité ni d'autres garanties superflues.

Aux reflets du magique lingot, comme glace au soleil, tous les scrupules s'étaient évanouis....

J'entends encore l'intéressant conciliabule :

« Pensez donc, cent mille francs!... Mais cela s'épouse les yeux fermés, la femme fût-elle vicieuse et laide comme les sept péchés capitaux; c'est occasion à ne pas rater. »

L'excellent oncle, vous le sentez, escomptait mon mariage pour redorer sa bourse, toujours à sec et altérée. Volontiers il eût fait de moi, comme Charles VII de Jacques Cœur, et avec même reconnaissance, son grand argentier....

Oh! qu'ici encore se trahit la cupidité pour qui le précieux métal tient lieu de tout : cœur, esprit, beauté, vertu!... qu'étaient ces bagatelles

auprès des écus sonnants et trébuchants d'une
dot opulente! Mais hélas, les beaux yeux de
cette dot ne m'avaient pas séduit comme l'intéressante famille qui déjà rêvait de la conquête
de cette toison d'or,

auprès des écus sonnants et trébuchants d'une
dot opulente! Mais hélas, les beaux yeux de

# CHAPITRE IX

## AUTRE PROJET DE MARIAGE

Un soir d'été de 1874, heure du dîner, parut, amené je ne sais par quel camarade, un personnage assez énigmatique. Il se déclara « fort heureux de saisir l'occasion qui lui était offerte de lier connaissance avec des officiers qui, depuis le peu de temps que la ville avait la bonne fortune de les posséder, avaient conquis l'estime et la sympathie générales. »

« C'était », dit-il, « avec plaisir qu'il se trouvait parmi les brillants représentants de cette vaillante armée française qui, après avoir triomphé sur tant de champs de bataille de l'ancien comme du nouveau continent et moissonné tant de lauriers, s'était vue, dans un jour néfaste, trahie par la victoire.... Lui aussi », fit-il avec un trémolo d'émotion, en essuyant une larme absente, « avait versé son sang pour la patrie... dans la personne d'un cousin bien cher.... »

Cet emphatique préambule débité, on se mit à table. Comme président, je plaçai à ma droite cet olibrius.

La première impression étant la meilleure, si l'on en croit la sagesse des nations, j'aurais dû me méfier, plus que de la peste, de ce singulier individu. Des mains grasses, flasques et visqueuses comme des nageoires, du linge et des ongles douteux : telle fut la peu flatteuse observation qui me frappa chez mon original voisin.

La semaine suivante reparut le peu décoratif invité.

J'appris alors que nous avions l'insigne honneur de posséder Monsieur le Principal du collège de Toul, que j'avais tout d'abord, avec son visage glabre, sa préciosité ampoulée et son exubérance ecclésiastique, pris pour quelque gros curé campagnard en mal d'amour et transformé, pour cette *cure*, en vulgaire laïque. À peine assis, l'aimable fonctionnaire se mit en frais d'esprit et d'érudition.

Il nous éblouit par une conversation étincelante, par un flot de fines remarques, de judicieux aperçus, de citations poétiques et latines et de bons mots dont il avait fait ample provision. Décrivant ensuite avec lyrisme la superbe abbaye qu'avait été le collège, il nous dit la haute chapelle aux fenêtres ogivales, et le cloître gothique aux larges dalles de mosaïque, foulées par plusieurs générations de moines, et leur jardin d'hiver aux plantes exotiques, et leur parc d'été, réservoir d'arbres séculaires.... Interdite au public, cette enceinte n'était accessible qu'à de rares privilégiés. Son effet produit, le conteur s'offrit gracieusement à faire les honneurs de ce séjour attrayant à ceux qui voudraient bien lui faire le plaisir et l'honneur de le parcourir.

Politesse ou curiosité, je mordis pour ma part à l'insidieuse amorce. Heureux si, flairant le piège, je m'étais abstenu de ce bloc enfariné.

Donc, à son jour de réception, un jeudi, j'allai présenter mes hommages à l'éminente Principale, à qui ma visite s'adressait moins qu'au prétendu paradis.

Introduit dans un immense salon dont les épais rideaux étaient fermés, je ne distinguai tout d'abord, affaissée dans un vaste fauteuil, qu'une forme massive et indécise, surmontée d'une sorte de boule, affectant l'apparence d'une figure humaine. A cet aspect, j'eus la vision soudaine d'une rencontre semblable, celle d'un hippopotame, jadis découvert sur les bords du Niger, où le malheureux pachyderme s'était échoué.

La masse animée que j'avais, par cette chaude après-midi de juillet, troublée dans sa sieste, se remua péniblement et, toute somnolente et vacillante, s'avança pour m'indiquer un siège que, dans la nuit factice, je n'aurais pu trouver.

Il me fut alors permis de contempler un des imposants échantillons du beau sexe, phénomène me dépassant de toute la tête.

N'osant adresser à la dame des compliments personnels qui eussent été une ironie, je la félicitai sur son superbe ameublement, qu'elle me détailla complaisamment. Sensible à ma visite, d'ailleurs attendue, son accueil fut des plus flatteurs avec une nuance d'empressement que je ne m'expliquai pas pour le moment.

Excusant M. le Principal empêché, l'aimable cicerone m'offrit de parcourir son jardin, alors dans sa parure d'été.

J'acceptai avec force remerciements, n'étant du reste venu que pour cela.

Conduit par elle, je suivis des allées sinueuses semées de sable fin ; on me fit admirer de vertes pelouses, des corbeilles fleuries, des bosquets touffus, de pittoresques monticules rocheux et gazonnés, un ruisseau murmurant.... Extasié, je dis mon plaisir et ma reconnaissance et voulus prendre congé ; mais, sur l'invitation de mon guide, je pénétrai sous un massif où m'apparut soudain l'Armide de ces jardins enchantés.

C'était une personne, je n'ose dire une jeune fille, d'un âge indécis, long vêtue d'une robe blanche, couleur de candeur et d'innocence. Toilette sans bijoux et d'une simplicité juvénile, une rose sombre saillait, tache sanglante, de son corsage arrondi ; une autre était fixée dans sa coiffure à la vierge, parure aussi ingénue que savante. Elle parut, à mon aspect, sortir d'une profonde rêverie, à regret interrompue, et montra une surprise parfaite.

A demi étendue sur un lit de repos rustique, elle déposa sur une petite table un gros bouquet de roses qu'elle semblait aspirer avec volupté. A côté, un livre ouvert et une broderie indiquaient que l'on savait occuper ses loisirs.

Sous les impénétrables et frais ombrages de cette solitude insoupçonnée, retraite délicieuse que troublait seul le gazouillis de mille oiseaux chanteurs, avait été ménagée cette poétique évocation de la déesse des fleurs, entourée de ses attributs embaumés. Par malheur, tout cela sentait l'apprêt et le théâtre ; on devinait tout concerté et machiné comme une mise en scène.

Insistant avec grâce pour m'offrir des rafraîchissements que, en raison de la chaleur, je ne pouvais me défendre d'accepter, la souriante maman, sous prétexte de les préparer, me confia, d'un air affable et enjoué, son aimable fille qui, déclara-t-elle plaisamment en me saluant d'une lourde révérence, ne pouvait qu'être honorée de posséder un aussi brillant garde du corps ; ce qualificatif flatteur visait mon uniforme.

Confus et déconcerté, mais ne pouvant répondre que gracieusement à d'aussi gracieuses prévenances, je m'inclinai et m'assis. Puis, consultant l'heure, je remarquai que la grosse dame prolongeait son absence. Sa fille, bien stylée, l'expliqua par la préparation délicate de sorbets à l'ananas.

Tout sujet de conversation épuisé, je jetai les yeux sur le volume ouvert. Autre surprise, c'était l'auteur pour lequel j'avais, naguère à table, manifesté ma préférence. Elle aussi, minauda-t-elle, en faisait ses délices, coïncidence qui me laissa rêveur.

Les rafraîchissements enfin servis, la complaisante matrone, sous prétexte de visites, s'éclipsa de nouveau. Mais, à la longue, gêné de ce tête-à-tête insolite, je m'inclinai et me retirai, non toutefois sans avoir observé que la belle ne m'avait pas permis d'admirer son regard voilé par des verres de couleur, ni ses dents habilement masquées par des grâces d'éventail, et qu'elle n'avait pas daigné se lever pour répondre à mon salut.

Tout en hâtant mon retour attardé, je me disais que, par commisération sans doute, l'enchanteresse m'avait épargné la commotion dangereuse que n'eût pas manqué de causer à un profane la soudaine révélation des deux beautés de la femme : ses yeux et sa bouche.

Le ménagement dont je faisais honneur à sa modestie avait une cause beaucoup moins poé-

tique. Ainsi de son aversion pour le mouvement....
Mais n'anticipons pas sur d'étranges découvertes.

Cette première visite fut suivie de deux autres,
dont une d'adieu. A peine entré dans le salon,
je remarquais que des pas ouatés et furtifs, des
voix chuchotantes s'éloignaient par une tacite
entente. Bientôt la digne matrone elle-même,
s'esquivant à son tour, me laissait en tête à tête
avec l'intéressante demoiselle toujours drapée
de blanc et languissamment étendue dans une
pénombre du boudoir; toujours parée et entourée des sombres roses, objet, disait-elle, de sa
prédilection passionnée.... Après les vingt mi-
nutes de rigoureuse politesse, je me disposais
à me retirer, mais alors reparaissait, avec un
plateau, la grosse dame aux aguets, et cette fois
encore, bon gré, mal gré, je devais me ras-
seoir.... Combien cher je devais payer plus tard
ces attentions intéressées !

Quelques jours après avoir pris congé de cette
trop aimable famille, je réintégrai Lunéville
avec mon escadron (novembre 1874). Je ne
tardai pas à voir quel parti l'on comptait tirer
des trois rencontres si adroitement agencées.

Toul et son collège, non moins que la vierge
aux roses elle-même, tout était parfaitement
oublié, lorsqu'un jour (février 1875), entendant
gémir mon escalier, j'ouvris ma porte pour me
rendre compte de cet ébranlement anormal.

N'en pouvant croire mes yeux, je reconnus
l'énorme Principale ; mine hagarde et affolée,
elle se précipita, ou plutôt roula dans ma chambre, après avoir, non sans peine, franchi la porte
trop étroite pour l'ampleur de ses charmes. Écla-
tant en bruyants sanglots — ce crocodile avait
la faculté des larmes — et s'affalant à mes genoux : « Pitié, pitié pour ma pauvre fille !... »

Muet de stupéfaction devant cette tragique
attitude, j'appris de cette mère éplorée que mes
rendez-vous (! !) avec sa fille, ébruités, étaient la
fable de la ville ; que la sensible enfant, compromise et désespérée, se mourait d'amour ; que
sa raison et sa vie étaient en péril, et qu'il ne
lui restait d'autre asile, si je ne la sauvais, que
le couvent ou le tombeau.

Conscient de ce que, sans être laid, je n'avais
rien d'un Adonis, rien de nature à embraser un
cœur ; sceptique devant une passion si subite
que je n'avais en rien provoquée, j'essayai de
calmer cette douleur trop théâtrale pour être
sincère et qui pouvait dégénérer en scandale :
ressource que sa malice n'avait pas manqué
d'envisager comme pression sur ma famille ou
sur mes chefs.

Pour m'en débarrasser, je lui dis que, touché
d'une affection aussi sincère sans doute que
spontanée, mais à laquelle je n'étais pas préparé,
je demandais à réfléchir.... Cette réponse dila-

toire, peut-être négative, ne satisfit pas l'intrigante, qui ne voulait pas en être pour son voyage et, comme disent les marins, se rembarquer sur lest.

Me sentant réfractaire, elle y alla de son dernier atout, tactique savante qui devait lui réussir.

Simulant une crise nerveuse — de quoi n'est capable une mère en mal de fille à marier, et quelle fille ! — la vieille comédienne, de plus en plus exaltée, tira de son vaste corsage un poignard, geste tragique destiné à l'assaut final, menaçant de s'en frapper sous mes yeux.

Obsédé de cette scène qui n'avait que trop duré, je finis, autant par énervement que pour me délivrer de l'outre gonflée de larmes qui menaçait d'inonder ma chambre, je finis, dis-je, par promettre, pour la semaine suivante, une visite à la belle inconsolable et, tout en regrettant, après coup, un engagement inconsidéré, je ne crus pas pouvoir manquer à ma parole, sacrée pour un galant homme.

J'appris plus tard (trop tard, hélas !), que sa roterie, dans sa chasse aux maris, avait tenté même jeu près d'un de mes camarades qui, moins patient que moi, l'avait mise à la porte.

Dans cette région frontière, alors comme aujourd'hui bondée de troupes, où foisonnaient, surabondaient les épouseurs, la débrouillarde vieille s'était juré de caser au moins une de ses filles et ne se tint que trop parole.

Quant à la victime désolée qu'attendait le cloître ou la tombe, est-il besoin de dire que, complice, sinon instigatrice de la manœuvre, son désespoir n'était que fiction, grimace et comédie.

Malgré mes funestes pressentiments et la voix secrète qui me criait que je courais à ma perte, je commis l'inexpiable imprudence de retourner à Toul.

On avait eu le loisir de préparer un revoir impressionnant. Directement introduit dans un petit salon orné de plantes exotiques aux feuilles opulentes, aux fleurs étranges, aux parfums pénétrants et capiteux, j'y trouvais, au milieu d'un gris et froid hiver, un printemps tropical et un demi-jour de sanctuaire, habilement dispensé par deux lampes aux globes dépolis.

Parmi de soyeux coussins étayant un corps, émacié par la souffrance, gisait une forme aux longs vêtements sombres faisant ressortir une intéressante pâleur : telle m'apparut, idéalisée, douce victime d'amour, la jeune convalescente relevant à peine de la maladie de langueur où l'avait jetée une passion refoulée.... Courageuse, elle avait voulu quitter le lit le matin même, pour accueillir l'élu de son cœur enfin retrouvé, et la joie du retour allait lui rendre les couleurs et la santé disparues par les incertitudes et les angoisses de l'attente. Tel fut le récit navrant d'une mère en larmes.... Un tigre même eût été attendri.... Je ne pus donc résister à la prière, à la supplication d'une autre visite.... « C'était, dit-elle entre deux hoquets d'émotion, une question de vie ou de mort pour la pauvre fille. »

Encore une fois, simulacre et fantasmagorie que cette scène trop savante. Hélas ! j'étais aveuglé, non certes par la présomption ni l'orgueil de ma prétendue victoire, — pareille conquête ne s'y prêtait guère — mais par l'irrésistible besoin inné dans tout cœur humain, de pitié, de croyance et d'affection, mon âge mûr n'étant pas encore désabusé des illusions de la jeunesse. De plus en plus, je glissais sur la pente fatale que bientôt je ne pourrais plus remonter. Né sous une mauvaise étoile, j'accomplissais ma triste destinée....

Retombé sous les dangereuses obsessions du chagrin, je sentais que, pour échapper à une nouvelle crise de désespoir, je devais à tout prix renoncer à la solitude, mauvaise conseillère et demander à un avenir moins sombre, l'oubli d'un passé douloureux. A tout prix, je devais donner à ma vie désolée une compagne qui, à défaut de la chère fiancée perdue, me rendrait peut-être, avec un peu d'affection, sinon d'amour, l'illusion du bonheur envolé. Au mal dont j'avais failli mourir, il n'était qu'un remède, le mariage, inéluctable nécessité, salut suprême !

Comme un naufragé ballotté dans une barque

désemparée, je cherchais une étoile et un port.... Hélas! le phare au feu trompeur me cachait l'écueil où j'allais me briser.

Enlacé par un réseau d'intrigues, ciconvenu par la connivence intéressée d'une famille indélicate, je fus, pour ces gens sans scrupules, une proie facile à saisir....

Quand je sentis le fer de l'hameçon perfide et manifestai de l'hésitation, on me représenta que mon honneur était engagé, non moins que celui de la respectable famille qui m'avait accueilli et que ma retraite injustifiée allait discréditer, plonger dans le deuil.... On ne prenait pas ces gens sans vert ...

Sans aucune sympathie pour les parents, sans aversion ni penchant pour leur fille, malgré l'aspect touchant, poétique et gracieux sous lequel on l'avait exhibée, je me prêtais indifférent, presque inconscient, à l'occulte manigance....

Toutefois, par un dernier instinct de défense, je déclarai qu'avant de m'engager sans retour, je voulais consulter mon tuteur moral, mon conseiller naturel. C'est alors que, ne se fiant qu'à demi à sa réputation et à celle de sa fille, le prudent père me pria de le mettre en rapport avec cet arbitre de ma destinée.

Précaution suspecte d'un père offrant, pour en prévenir de douteux, des renseignements sur sa progéniture, dont il ne pouvait que chanter

les louanges, cette démarche insolite eût donné
l'éveil à l'esprit le moins perspicace et même à
l'excellent oncle, s'il se fût agi des siens....
Mais il avait sur le cœur mon indiscrète prière
de remboursement et sentant que je lui échappais
pour sa fille, peu lui importait ma personne
désormais inutilisable. Voici donc comme il répondit à ma demande personnelle d'éclaircisse-
ments, comme il me rendit, ou plutôt ne me
rendit pas, le service attendu :

19 mars 1875.

Votre nouveau mariage est de mon goût sous tous
les rapports.... Votre future — on lui avait envoyé son
portrait flatté — n'a point l'air hautain et dédaigneux
de « l'Alsacienne... » (encore!) *Quand on a le bonheur d'être admis dans une pareille famille, on peut
se dispenser de renseignements ; un fonctionnaire
de cette importance présente d'indiscutables garanties de droiture et de moralité.*

Evidemment circonvenu et gagné, le traître,
qui eût pu me sauver, voulant s'éviter la dépense et l'ennui d'une lettre à écrire, endormait
ma juste méfiance par une de ces phrases à effet
qui ne coûtent rien et, du coup me livrant,
consommait ma perte.

Dans le contrat de mariage soumis à M. Roux,
le sieur Idou, principal du collège de Toul, qui
me réservait la dignité de son gendre, annonçait
quarante mille francs de dot avec jouissance prochaine d'une *belle propriété* près de Metz.

Ce n'était plus l'affriolante dot d'antan, mais c'était encore une demi-fortune permettant de légitimes espérances.

Je n'aurais, m'écrivait à la date du 23 mars 1875 ce parent appâté, aucune répugnance à m'établir dans la Lorraine que je connais par Malte-Brun....

Le riche domaine — c'est ainsi que son rêve voyait la propriété décrite — qui va devenir vôtre par le beau mariage qu'il vous est enfin donné de contracter, me conviendrait pour y passer quelques années de ma retraite avant la vôtre.

Puisque, jusque-là, il vous faut un gérant, je compte sur la préférence. Vos intérêts seront en bonnes mains et nous n'aurons qu'à y gagner tous les deux.

L'honorable M. Idou m'a exposé tous les avantages qu'il fait à sa fille. Vous êtes, mon cher, un heureux mortel, et votre bonne tante et moi serions jaloux de votre bonheur, s'il ne s'agissait d'un neveu que nous regardons comme un fils.

Je ne veux pas approfondir quelle part avait, dans cette recrudescence inopinée de tendresse, « le riche domaine » dont sa candeur le faisait déjà possesseur. Devant cette dot prometteuse, il sentait du coup tomber toutes les préventions naguère manifestées contre « l'alliance franco-prussienne-allemande. »

# CHAPITRE X

## MARIAGE

De parti prix, M. Roux éluda donc précautions
et démarches et le mariage qu'eût empêché, s'il
avait été demandé, le moindre renseignement,
l'abominable mariage eut lieu.

Or voici quel était l'honnête homme que, de
son autorité privée et sans autre information, il
avait déclaré *présenter toutes garanties de droiture et de moralité.*

Le soir même du mariage (13 avril 1875), celle
qui maintenant se voyait assurée d'un nom et
d'une situation, jusque-là galvanisée par la con-
trainte et la tension nerveuse imposée par le but
à atteindre, eut une crise affreuse. Un médecin
fut en hâte appelé qui, tout en lui prodiguant ses
soins, grommela qu'il était insensé de marier
une pareille malade.

Oh oui ! insensé et même criminel, surtout
vis-à-vis de moi.

Quel réveil des fantasmagories déployées pour m'éblouir et capter ma confiance. Le voile enfin déchiré me montrait dans son horreur le piège odieux où j'étais tombé....

En mesurant la profondeur de l'abîme d'où nul secours humain ne pouvait me tirer, j'eus un accès de désespoir et de rage où je criai mon indignation. Plantant là invités et mariée, je me réfugiai à l'hôtel où cette singulière nuit de noces fit sensation et scandale.

Ainsi cette femme *qui n'avait point l'air hautain et dédaigneux de l'Alsacienne* (oh! l'admirable perspicacité!) était une hystérique invétérée, une épileptique incurable. C'est ce que confirmèrent sans ménagement à ma terrible insomnie les ricanements d'une valetaille impitoyable.

Ainsi cette famille dans laquelle *j'avais le bonheur d'être admis*, était tout autre chose qu'une famille honorable. Avant même, par la consommation du mariage, de pouvoir la dire mienne, je la sentais indigne d'estime, de respect et d'affection.

La dot n'était pas de meilleur aloi. Dès le lendemain, il fallut rendre les titres empruntés pour dresser le contrat. Quant à la fameuse propriété, appât funeste qui avait pris M. Roux, ce n'était qu'une maisonnette valant au plus un millier de francs ; son prix eût à peine suffi pour payer la réclame et le clinquant de la noce où finance, armée, magistrature, commerce avaient été conviés. Femme et dot n'étaient qu'un double mensonge, une double imposture, un double guet-apens.

Stupéfiante union où tout avait été maquillage et poudre aux yeux : santé, vertu, dot, tout était postiche chez l'intéressante épousée ; tout, jusqu'à ces élégantes rondeurs qu'on n'avait pas manqué de me faire admirer, tombées avec le corset qui les avait figurées.

Marchant de surprise en surprise, je découvrais bientôt que la fausse Agnès s'était rajeunie de trois ans et parée d'un lustre, ainsi que tout le reste, emprunté.

On lui avait retranché ces printemps, probablement pour dissimuler sa naissance antérieure au mariage de ses auteurs ; vraisemblablement, en effet, sa mère avait apporté dans sa corbeille ce joli cadeau de noce à son époux, reconnaissant et charmé.

Mais qu'était une duperie de plus pour le respectable fonctionnaire que j'avais eu la candeur de regarder comme un honnête homme, jusqu'au jour où j'acquis la preuve indéniable de sa scélératesse !...

Voyons maintenant à quels services exceptionnels, à quel mérite transcendant cet idéal de droiture devait sa haute situation.... Agent électoral de M. Beffut, ce ministre de l'Empire l'avait récompensé comme le savaient faire alors les amis du pouvoir. Surveillant obscur et sans avenir, on l'avait impudemment bombardé principal d'un grand collège.

C'est par cette même influence que, craignant de lâcher sa proie, le sieur Idou avait, en deux jours, obtenu l'autorisation ministérielle de mariage qui se fait ordinairement attendre plusieurs mois.

Un misérable intérêt avait fait échouer mon premier mariage : plus vil encore, un autre calcul avait, pour mon malheur, réalisé celui-ci.

En apprenant mon désastre et celui de ses combinaisons, ce fut chez l'oncle Roux un véritable désespoir....

Est-ce ma carrière compromise, mon avenir brisé, ma vie perdue, qui causait ce chagrin?

Non! pareille sensiblerie était inconnue de ce couple réaliste, uniquement consterné de la perte d'une chimère dorée.

Adieu! emprunts et cadeaux, robes et bijoux dont les charmes de la mère et de la fille se voyaient déjà parés et rehaussés! Adieu! beau domaine, frais ombrages, gazons fleuris! Comme fumée au vent ce beau rêve s'était évanoui et cette déception avait mis l'ambitieux à deux doigts du tombeau!...

> La ruse la mieux ourdie
> Peut nuire à son inventeur,
> Et souvent la perfidie
> Retombe sur son auteur.

Un autre sujet d'angoisse le tourmentait.... Voyant qu'au lieu de la fortune escomptée mon mariage ne m'avait apporté que pénurie et détresse, il pressentait une conséquence inévitable....

Tout autre eût compris que le pénible quart d'heure était enfin sonné.... Mais à ce son, l'oreille du peu scrupuleux débiteur était d'une incurable surdité. Réduit à cette extrémité, je hasardai une demande d'acompte. Voici sa réponse :

27 juin 1875.

*... Ce n'est pas un prêt que vous m'avez fait, mais un dépôt que vous m'avez remis....* Point de traites, car elles seraient protestées, et vous savez que ma pension et ma légion sont insaisissables.

> L'argent dans notre poche entre agréablement,
> Mais le moment venu que nous devons le rendre,
> C'est lors que les douleurs commencent à nous
> [prendre.

Oh! que Molière avait raison!...

Ainsi donc, grâce aux bons offices du cher oncle qui me tenait lieu de père, et par qui je m'étais vu trahi, vendu et livré comme bétail, j'étais pour la vie — le divorce libérateur n'exislait pas encore — rivé par une chaîne de fer à une sorte d'idiote aussi méchante et vicieuse que bête. Dans toute la force de l'âge, veuf d'une vivante et mari sans femme, j'étais réduit à une monacale solitude, ne pouvant même dans mon cas étrange, sans scandale et sans risques professionnels, sans faillir à la conscience, au devoir, à la dignité de l'uniforme me permettre une consolation extra-conjugale.

J'avais rêvé la félicité de la famille et du foyer et je me voyais comme un paria, condamné à vieillir sans affection, sans enfants, sans foyer et sans famille.

Aux premières déconvenues allaient s'en ajouter bien d'autres.

Dès le lendemain du mariage, accompagné de sa mère, il me fallut conduire la jeune épousée chez un spécialiste de Nancy, le D<sup>r</sup> Marchal qui, après consciencieux examen, diagnostiqua une hystérie épileptique, très grave, compliquée du manque absolu d'hygiène et des plus élémentaires précautions de propreté.

Mon aimable compagne, en effet, je ne tardai pas à le constater, était absolument hydrophobe; un bout de serviette humide, dont elle s'effleurait en frissonnant, était toute sa toilette, et plus tard sa paresse innée lui fit oublier ce soin plus que sommaire.

Au bout de quinze jours, frais d'hôtel et traitement réglés par la généreuse belle-mère, qui m'en eût volontiers fait payer la moitié, je regagnai mon logis où, au lieu de la femme saine, accorte, aimable, aimante que j'avais rêvée, je ramenais une infirme, maussade, hargneuse, rêche et revêche. Tel fut mon voyage de noce; tels, les déboires qui me faisaient amèrement regretter, si solitaire et si désolée qu'elle eût été, ma vie antérieure.

# CHAPITRE XI

## NAISSANCE ET MORT D'UNE ENFANT.

Malgré ma patience et ma bonne volonté, je ne parvenais à découvrir chez l'aimable compagne qui devait embellir mes jours, aucune de ces douces qualités qui font de l'intérieur le plus modeste un nid charmant et, pour ainsi dire, capitonné de tendresses.

J'avais beau redoubler d'attentions et de sollicitude ; dans cette nature ingrate et réfractaire, inaccessible à tout noble sentiment, à toute généreuse pensée à tout mouvement spontané du cœur, impossible d'éveiller attachement ou affection.

En dépit des infirmités qui eussent dû lui inspirer quelque modestie se révélait, s'affirmait en elle une pédante orgueilleuse qui, dans la haute opinion qu'elle avait de sa personne, s'imaginait ce don disproportionné au mérite du simple officier jusqu'où elle s'était abaissée.

Insensible idole recevant d'un œil impassible l'encens de ses adorateurs, tout lui était dû comme juste tribut, comme naturel hommage à sa haute valeur, à son être d'essence supérieure.

Sa négligence corporelle se retrouvait partout : linge, habits, intérieur. D'une invraisemblable myopie, ne distinguant pas sur la table un couteau d'une fourchette ; au dehors, ne se risquant que soutenue, ou plutôt traînée, au bras d'un guide.

Étrangère aux détails de la cuisine et du ménage, à la direction d'une bonne, force était de recourir à la cantine voisine, servis par l'ordonnance.

Vainement à la gêne et aux soucis grandissants, je cherchais une diversion dans mes occupations militaires, l'avenir s'annonçait de plus en plus sombre et désespéré, lorsqu'une nouvelle inattendue vint m'apporter une promesse de consolation ; celle de la paternité. Dans cette situation qui eût dû comme moi, la combler d'aise, ma femme ne vit qu'un prétexte de rentrer chez ses parents, heureuse d'y retrouver l'insouciance de l'oisiveté familiale, les gâteries et les adulations maternelles et les flagorneries de son entourage accoutumé.

Elle y accoucha d'une fille à la fin de janvier 1876. Sa conformation et sa santé lui interdisant, autant que sa répugnance, l'allaitement personnel, ce fut le biberon qui le remplaça.

Père! ce bonheur me faisait oublier la misère présente, les épreuves passées. Je contemplais avec ivresse le cher petit être en qui je me voyais renaître et qui jetait sur ma vie jusque-là si triste, un rayon de soleil et d'espoir. Heureux comme un aveugle recouvrant la vue, un mourant la vie, j'avais enfin trouvé le cœur qui me comprendrait et m'aimerait, compensation si longtemps attendue enfin tombée, comme une bénédiction du Ciel. Merci, chère fillette, qui dans ton éphémère apparition m'as donné le mirage, hélas! si décevant du bonheur.

Si la virginité du cœur, fleur unique, une fois cueillie, ne peut refleurir; si le cœur donné, comme un oiseau qui a pris l'essor, ne se reprend plus; si le véritable amour, indivisible, est éternel, autant que ce mot s'applique à notre humanité mortelle et bornée, je ne pouvais l'éprouver encore; il est des êtres qui n'aiment qu'une fois et je suis du nombre.

Si donc il m'était impossible, eût-elle été une perfection, ce qui n'était pas, d'aimer ma femme, je conservais sur elle, avant d'avoir été progressivement, cruellement désabusé, quelques illusions.

C'est ainsi que je reportai sur celle, quoique indigne, à qui je devais cette joie suprême de la paternité, une partie de l'affection que j'avais pour l'enfant.

Cette tendresse passionnée, je m'efforçais dans mes lettres, de la lui inspirer : « Vivons, lui disais-je, pour la chère petite qui a besoin de soins, de caresses et d'amour.... » Hélas ! plutôt se fût fondue la glace du pôle que celle de ce cœur atrophié. Ce n'est pas à une femme incapable de le comprendre qu'il fallait parler ce langage. Vainement j'implorais de l'insouciante et paresseuse mère, de sa famille négligente, des nouvelles du cher berceau, centre de mes pensées, je n'en obtenais guère que des étrangers.

Pendant ses premiers mois, je multipliai mes visites à ma fillette, la promenant dans mes bras, aux rayons déjà tièdes du printemps, étouffant, pour ne pas troubler son léger sommeil, le bruit du sable criant sous mes pas.... Puis pour la posséder plus longtemps, je prenais mon repas près d'elle. Et je sentais avec délices, battre contre le mien ce petit cœur qui me devait la vie.

Souvent amené par l'inquiétude et à l'improviste, j'avais trouvé le pauvre bébé se débattant et implorant, avec des cris et des larmes qui pour lui remplaçaient la parole encore absente, le lait refroidi de son flacon.... Pendant ce temps, mollement étendue dans un hamac et bercée par sa bonne, sa mère somnolait nonchalamment au jardin, loin des appels désespérés

et importuns qui eussent troublé son repos....
Plus d'une fois j'eus la tentation d'enlever l'enfant avec sa bonne et de fuir cette maison funeste. Hélas! en le faisant, je l'aurais sauvée....

Dans une chambre à deux lits, séparés par un léger paravent, couchaient le sieur Idou — par raison d'obésité, le ménage faisait lit à part — et sa fille aînée, Mme Sila, peureuse, ne pouvant dormir, sans un gardien de son précieux sommeil éclairé d'une veilleuse. Il y régnait une étrange odeur, car elle n'était ni aérée ni balayée, et dans tous les coins traînaient les objets les plus inattendus : vaisselle, habits, linge sale....

Même incohérence, même désordre, même malpropreté dans le reste de la maison. Le luxueux mobilier fourni par la ville était recouvert d'une couche de poussière qui attestait que l'époussette et le plumeau étaient inconnus des hôtes distingués de ces somptueux lambris.

C'était, chez l'étrange matrone un indiscutable axiome que ce léger vernis préservait peintures et dorures.

Non moins étranges étaient ses notions d'hygiène. Lui montrant un jour des parasites sur la tête de l'enfant : « Vous n'y entendez rien » s'irrita l'étonnante vieille en me lançant un regard de méprisante pitié, « poux de bébé, poux de santé! »

Je restai muet d'ahurissement.

Alors se produisit ce qui était inévitable et fatal : délaissée de son aïeule et de sa mère qui passaient des journées entières sans la voir et sans même s'en informer ; négligée de sa bonne, distraite pour le service de ces dames ; n'ayant à boire que du lait tourné dans un biberon sale, en proie à l'abandon et à la vermine, la pauvre petite, quelques semaines plus tard, emportée par une entérite, était pour toujours délivrée des misères de la vie, où tant d'autres la guettaient.

Cette fois, l'odieuse pythonisse avait eu raison : le peigne était désormais inutile, aussi bien que les soins du médecin.

De la chère fillette que j'avais quittée la veille pleine de santé, je ne devais plus revoir et embrasser que le cadavre inerte et glacé, que je baignai de larmes et auquel je fermai doucement les yeux.

La perte de ma mère, pourtant si passionnément aimée, ne m'avait pas causé une douleur aussi poignante, aussi désespérée que celle du cher petit être qui, déjà, commençait à me sourire, comme s'il eût prévu mes chagrins et voulu d'avance m'en consoler ; qui, hier encore, semblait compatir à ma tristesse et à mon abandon en me payant un arriéré de tendresse et d'amour.

Dans mon indignation, j'éclatai en sanglants reproches contre les coupables qui, pour les éviter, avaient, avant mon arrivée, fait dis-

paraître la petite bonne chargée du commun
méfait.

Quant au vrai coupable, au seul auteur de
l'épouvantable avenir que ce deuil inaugurait,
et que la mort du cher bébé que j'aurais voulu
suivre dans sa tombe me montrait dans toute
son horreur; quant au prudent Principal, dis-je,
il s'était, selon sa coutume dans les cas critiques,
dérobé dans une cachette inaccessible et invio-
lable.

Il ne reparut que pour conduire à mon côté
le convoi où nombreuse assistance avait été convoquée. Pour ce fonctionnaire sans autorité ni
prestige, mais d'autant plus altéré de considération et d'honorabilité, ce deuil-réclame était une
démonstration de son importance et les coups
de chapeau récoltés lui furent une ample consolation.

O fatalité! ô caprice du destin dont les rap-
prochements déconcertent parfois l'imagination
la plus aventureuse! Le même jour et presque
à l'heure même où mon enfant, exactement
âgée de six mois, perdait la vie, je sauvais,
étrange compensation! celle d'une vieille men-
diante qui avait demandé à la rivière la fin de
sa misère.

Quoiqu'inspiré par un sentiment d'humanité,
je n'étais pas loin de me reprocher un secours
indiscret. Mais qui donc à ma place aurait été

le témoin impassible d'un suicide? Je l'avais d'ailleurs pris pour un accident, erreur dont la malheureuse m'avait tiré en reprenant connaissance. Presque attristé du mauvais service que je lui avais rendu, je l'emmenai à notre pension où, après l'avoir réconfortée, une petite collecte la mit, pour quelques semaines, à l'abri de la faim.

A peine rentré chez moi, je recevais le télégramme qui faillit me tuer moi-même; mais hélas! pour moi comme pour la victime de mon zèle, le sort était sans pitié et la mort ne voulait pas plus de moi qu'elle n'avait voulu d'elle.

« Venez immédiatement, me disait-on, votre petite est perdue. »

Affolé, sanglotant, sans même quitter mon uniforme mouillé, je courus à la gare. Je n'avais plus d'argent sur moi, mais le chef de gare me connaissant, je partis après une angoissante attente.

Oh! combien le train me parut lent, les heures longues et le trajet interminable; impatient, je voulais sauter et courir, comme si ma présence eût pu rappeler la chère petite vie disparue et révoquer l'irrévocable arrêt. J'espérais du moins recueillir le dernier souffle de l'enfant, son dernier sourire et son dernier baiser.... Hélas!

Ce rapprochement d'une vie sauvée et d'une autre perdue n'est pas une scène de roman dramatisant un récit. Voici, relaté par le *Gaulois* du 3 août 1876, le fait dont je n'aurais pas parlé sans cette singulière coïncidence.

Lunéville, mardi 1er août.

Avant hier, M. Sila, lieutenant de chasseurs, s'est signalé par un acte de courageux dévouement. Il s'est précipité, au risque de sa vie, dans la rivière et a été assez heureux pour en retirer une vieille femme de quatre-vingts ans qui avait tenté de se suicider.

La veille, au même endroit, un ouvrier s'était noyé en se baignant.

Inutile, n'est-ce pas? d'ajouter que je ne fus pour rien dans cette insertion, due à l'esprit de corps d'un tout jeune officier récemment encore colonel d'un régiment de chasseurs. Au moment d'enfermer dans le cercueil ce qui me restait de plus cher au monde, j'avais d'autres soucis.

Ah! ce n'est plus à moi qu'il faut parler de Providence car s'il en est une, pourquoi prolongée la vieillesse misérable pour qui la mort était la délivrance et fauchée la frêle petite fleur à peine éclose, l'enfant innocente et adorée

Offrant de toutes parts sa jeune âme à la vie<br>Et sa bouche aux baisers!

Mais que dis-je, insensé! devant l'avenir que

tu lui as épargné, Providence ou Destin, quel que soit ton nom, ce que tu as fait est bien ...

Ah ! douce petite, si éperdument pleurée, combien tu as eu raison de fuir la marâtre qui jamais pour toi n'aurait été une mère et combien je bénis la mort pitoyable de t'avoir affranchie de son funeste legs d'infirmités !

J'avais à remplir un dernier devoir envers ma petite fille : ce fut son enterrement qui eut lieu le lendemain de mon arrivée. Cette date du 31 juillet, où je la pris froide et rigide de son berceau pour la coucher dans son cercueil et la rendre à la terre, cette date maudite est gravée dans ma mémoire comme la plus cruelle de ma cruelle existence.

Oh ! la terrible épreuve que celle de voir à jamais clos les yeux lumineux qui, hier encore, reflétaient nos yeux et souriaient au bonheur de vivre ; à jamais glacées les lèvres roses qui, hier encore, s'ouvrant comme le calice d'une fleur, appelaient des baisers fou ; à jamais éteinte la chère petite voix indécise, hier encore bégayant à nos oreilles ravies les deux syllabes musicales de ce nom si doux et si tendre : « Papa ! »

Oh ! l'horrible pensée, oh ! l'atroce torture que celle de livrer à la terre impure, aux vers immondes du tombeau, le cher petit être naguère encore si pur, si délicat et si beau que l'on couvait de regards insatiables, que l'on dévorait de caresses passionnées, que l'on berçait avec amour dans ses bras, que l'on contemplait avec ivresse endormi dans l'extase d'un sourire d'ange rêvant du ciel.... J'en appelle à ceux qui ont subi pareille souffrance : répondez, cœurs de pères et de mères, ne serait-il pas plus doux de marcher au supplice que d'accomplir ce triste voyage au champ redouté qui engloutit notre bien le plus précieux, notre suprême espérance, que de payer à la mort le prématuré, l'injuste tribut contre lequel se révoltent la nature et la raison?...

*Sunt lacrymæ rerum!...*

Ironie cruelle des éléments qui, pour moi, ce jour-là, n'eurent ni compassion ni larmes.... Alors que la fin du monde même m'eût semblé un accompagnement, une consolation à peine à l'unisson de mon désespoir, je maudissais le soleil trop radieux, le ciel trop bleu, les arbres trop verts, les fleurs trop éclatantes, et ces implacables journées, abhorrées entre toutes, trop resplendissantes....

Toute la nature, exubérante et luxuriante, était un contraste insultant, un sarcasme outrageant à ma douleur; tout au dehors était vie, lumière, joie et douceur, tout en moi deuil, désolation, nuit et détresse; tout aimait, riait et chantait.

Dans les bois pleins de nids, de parfums et d'amour.

et je mordais mes poings et crispais mes lèvres
et meurtrissais mes yeux pour contenir mes
cris, mes sanglots et mes larmes.... Et j'entendais le glas funèbre dont les coups me faisaient bondir, et je voyais l'horrible trou, gueule
attendant sa proie....

Quelques jours auparavant, impatient des
heures qui me séparaient encore de ma fillette,
j'avais acheté une superbe poupée pour fêter le
sixième mois de sa naissance... Déjà, je voyais
les grands yeux étonnés de l'enfant à l'aspect
de cette belle dame lui souriant elle-même de
ses grands yeux mobiles de porcelaine émaillée...
Je n'eus que la triste satisfaction de coucher
entre les bras raidis, sur le cœur silencieux de
la petite morte, désormais inanimée et muette
comme elle, la belle poupée maintenant inutile....

O frêle et délicat petit être, toi-même charmant et délicieux joujou, plus frêle et plus fragile que tous les autres, qui m'eût dit que ton dernier soupir serait si près de ton premier et que
le jour de ta fête serait celui de ta mort !...

Avant l'arrivée des noirs et insensibles des-
servants qui, froidement, tout à l'heure, allaient
clouer et emporter le petit cercueil, je courus
au jardin, alors dans toute sa splendeur, et là,
brisant et saccageant tout, comme j'aurais voulu

être brisé et broyé moi-même, j'arrachai les fleurs par brassées, et j'étendis sur un lit de roses la blanche et pure petite fille, lis immaculé passé plus vite encore que ses sœurs éphémères....

Je mis toute mon âme, toute ma vie dans un dernier baiser sur le front glacé de l'enfant adorée ... puis une main vigoureuse et charitable me poussa dehors pour m'épargner le bruit du marteau....

Enfin, vaine et illusoire consolation dont j'avais cru tromper ma douleur, le tout petit cercueil disparaissait, tel un virginal bouquet de mariées, sous un épais buisson de jasmin, de roses blanches et de clématites qui fut enseveli avec l'enfant.

Hélas! après trente ans révolus, je ne puis encore, en écrivant ces lignes, retenir mes larmes!...

Je ne me rappelle plus comment ni par quel chemin je revins du cimetière, comment je me réveillai le lendemain chez moi, croyant sortir d'un horrible cauchemar.... Avais-je dormi en chemin de fer, après deux terribles journées d'insomnie, de surexcitation et de folle angoisse; étais-je revenu avec l'inconscience mécanique du somnambule; un ami inconnu m'avait-il ramené? Je l'ignore.

Quatorze ans auparavant, de Toulon à Cherbourg, pareille absence de sensations. Absorbés par le tombeau qui m'appelait, mes yeux, ma mémoire n'avaient rien vu, rien conservé du long parcours. Mon voyage avait été un long sommeil léthargique d'où m'avaient tiré mes cris de désespoir au cimetière....

C'est de l'ébranlement des deux mortelles journées que je venais de vivre et qui m'avaient vieilli de dix ans, que datent mes premiers cheveux blancs....

Tel fut le troisième déchirement de ma vie.... Hélas! la douleur ne tue pas toujours....

Longtemps, bien longtemps, pendant des semaines et même des années, résonna dans mes oreilles, comme un écho lointain et persécuteur la funèbre mélopée, la lugubre lamentation des cloches; longtemps je subis l'obsession des sons profonds et graves, si mortellement désolés qui avaient, me semblait-il alors, tinté mon agonie autant que le trépas de mon enfant. Longtemps, je ne pus voir un marteau sans tressaillir, sans qu'il me rappelât, par un coup au cœur, l'autre marteau que mon oreille aiguisée par la tension fébrile, avait, malgré l'épaisseur des murs, distinctement perçu; longtemps, surtout, j'entendis le bruit sinistre de la terre tombant lourdement sur le léger cercueil dont pourtant on m'avait éloigné avant la première pelletée; longtemps enfin, je revis dans mes

nuits tourmentées d'insomnies et de cauche-
mars, le petit visage angélique et si doux que la
chaleur torride n'avait pas encore flétri; ces
yeux si beaux et si vifs naguère, d'où s'était en-
volée la divine étincelle, ces yeux grands ouverts et déjà vitrifiés que j'allais clore pour l'é-
ternité; ces yeux qui, dans leur fixité étrange et
terrible, m'accablaient de leur muet reproche :
« Père, père, pourquoi m'as-tu abandonnée?
Ah! si tu l'avais voulu, si tu m'avais prise et
emportée dans tes bras, tu m'aurais sauvée, et
je serais encore ta petite fille, ton ange gardien,
ta consolation et ta vie.... »

Ah! mort aveugle et impitoyable, pourquoi
l'as-tu prise, elle qui ne demandait qu'à vivre,
et pourquoi m'as-tu laissé, moi qui, sans elle, ne
demandais qu'à mourir?

Et, dans mes longues nuits alternées de veille
agitée et de sommeil fiévreux, je revoyais une
autre image aussi disparue depuis longtemps et
dormant bien loin de moi, hélas! son dernier
sommeil : ma mère, qu'un songe riant et consolateur, me montrait, vision céleste. berçant
dans ses bras ma fillette endormie à l'un de
ces chants lents et plaintifs, naïfs et doux, mo-
dulés comme la prière des marins de nos ri-
vages; une de ces mélodies du pays natal tant
de fois murmurées plutôt que chantées près de
mon heureux berceau....

Puis, surgissait un autre vaporeux et flottant fantôme, dont les formes vagues, dont les traits indécis, bientôt précisés m'offraient un visage entre tous adoré, tant de fois entrevu dans mon douloureux souvenir, et je me sentais comme entouré d'un cercle d'amour entre les êtres chéris qui sont, pour l'homme, comme une trilogie du bonheur : la mère, la femme et l'enfant. Ma fillette tendait ses petits bras à la jeune mère si belle et si douce qui était la sienne, et lui souriait avec une confiante tendresse, tandis que l'aïeule aux cheveux blancs nous couvrait d'un regard de triomphante allégresse.... Et mes bras voulaient les embrasser à la fois et mes mains les toucher, et ma voix les appeler ; mais déjà le rêve, la légère et fragile apparition s'était évanouie, je ne saisissais plus que l'ombre vaine et décevante et n'entendais plus, dans le silence profond de la nuit, que les coups précipités de mon cœur....

Hélas ! celle qu'un souvenir toujours vivant associait ainsi aux deux êtres disparus ne m'avait pas été, comme eux, ravie par la mort ; mais elle était pour moi plus irrévocablement perdue que si elle eût, comme eux, dormi sous le gazon d'un cimetière....

Puis, réassoupi dans un inquiet sommeil, une autre image, seule, cette fois, m'apparaissait, celle de ma petite fille, que j'appelais tendrement

tout bas du nom si gracieux et si doux que je lui
avais choisi moi-même : « Jeanne, Jeanne, »
mais, de nouveau, comme effrayée et chassée par
le son de ma voix, la fugitive illusion me laissait
baigné de larmes ; et le matin me trouvait plus
désemparé et plus brisé par ces hallucinations,
que je ne l'avais jamais été par la plus froide nuit
de bivouac.

Durant d'interminables nuits, le sommeil im-
ploré s'obstinait à me fuir. Poursuivi, tenaillé par
le souvenir toujours plus poignant, seul compagnon de mes veilles, de l'enfant disparue, j'es-
sayais, pour me dérober à la triste réalité du
présent, à la vision plus effrayante encore de
l'avenir, de me réfugier dans les riants souvenirs
du passé. Comme un oiseau captif rêvant du
buisson natal, je songeais aux pures joies de ma
petite enfance.... J'évoquais des traits chéris,
une voix d'une douceur pénétrante, au timbre
musical et harmonieux, tant de fois entendue
avec l'insouciance de cet âge, sans pressentir
que, bientôt, cette voix aimée serait à jamais
éteinte.... Je revoyais avec la même lucidité, à
cheval sur une jolie rivière bordée de haies ga-
zouillantes, un moulin tapissé de lierre avec de
grandes roues frangées d'écume, et le tic-tac de
ses huit meules affairées, tournant nuit et jour
pour une clientèle impatiente.... Chez le meunier
qu'était mon grand-père paternel, plus encore

que chez ma mère pendant les vacances, j'étais choyé et gâté.... J'entendais encore les écuries hennissantes et les étables mugissantes, car le diligent moulin était en même temps une ferme active, laborieuse comme une ruche, en été.... Puis se déroulaient, comme les scènes rapides d'un cinématographe, d'autres gracieux tableaux; c'était au penchant d'une colline un verger chauffant au soleil levant « la neige odorante » de ses pommiers fleuris, craquant en automne sous le poids de leurs fruits savoureux.... Non loin, le four rustique où j'aimais tant à contempler les immenses pains circulaires de la ferme, avec la surprise attendue d'une tartelette dont le beurre, la crème et les fruits de saison faisaient un exquis régal.... J'aspirais encore l'arôme des foins coupés où ma sœur et moi, aides gênants des faneurs, nous nous roulions à longues journées; à la nuit tombante, juchés, non sans une secrète appréhension, sur la charretée branlante, nous rentrions harassés, mais si heureux!... Une écuelle de lait mousseux nous attendait au retour, où la bonne grand'mère avait émietté du pain noir, friandise pour nos appétits aiguisés.... Puis venaient les longues soirées d'hiver où, près d'un feu pétillant, l'aïeul, ancien soldat lui-même, contait à nos oreilles charmées et attentives, une merveilleuse épopée, celle dont son père, volontaire de 92, avait été l'un des héros obscurs, obscurément tombé avec le bataillon sacré qui, sommé de se rendre, avait préféré mourir....

Et ces retours imaginaires au pays aimé, dont j'avais été si tôt et pour toujours arraché, m'apportaient un instant d'oubli, de calme et de repos, parfois aussi de riant et paisible sommeil.

. . . . . . . . . . . . . . .

Dès le début de la maladie de sa fille que, dans son ignorance et sa peur, elle croyait contagieuse, Mme Sila s'était réfugiée chez une libraire de la ville, commerçante qui, dans sa personne, dut faire bon visage à la clientèle du collège.

Là, cette mère étrange, jalouse d'un enfant qui l'avait, pourtant, si peu privée des soins de son entourage, n'eut pas une larme pour sa victime. Rien ne lui étant au monde qu'elle-même, elle ne perdit rien de son appétit, de son indifférence qui révolta l'hospitalière maison obligée, bien à contre-cœur, d'héberger pendant huit jours l'antipathique marâtre.

# CHAPITRE XII

## AUTRE NAISSANCE

Ma femme, après la mort de sa fille, dont, par insouciance ou économie, personne autre que moi ne porta le deuil, prétextant les émotions qui, gémissait-elle, avaient ébranlé sa santé, était demeurée dans sa famille où elle avait retrouvé ses anciennes habitudes d'oisiveté, de fainéantise et de mollesse. Reine adulée d'une cour empressée de professeurs et d'abbés désœuvrés, sans compter la tourbe domestique dont la déférence ironique de cette valetaille savait se dédommager à l'écart, elle jouissait d'un farniente paradisiaque dont elle entendait ne plus sortir.

Là, plus de mari, plus de ménage, plus de gêne ni d'entraves ; là, plus de cuisine de gargote, mais une vie de délices, une chère copieuse, exquise, avec de petits plats friands arrosés de vins fins et de liqueurs que la tendre mère, surtivement, lui apportait au lit qu'elle ne quittait plus guère que pour des parties de plaisir. Elle n'avait donc aucune hâte de rentrer dans un intérieur plus que modeste.

Cependant, si je m'étais marié, ce n'était pas pour voir ma femme, comme de parti pris, constamment éloignée, et la solitude me pesait doublement depuis la mort de ma fillette, dont je ne parvenais pas à me consoler. En outre, le milieu délectable qui lui plaisait tant, et sur lequel je commençais à être édifié, n'était pas fait pour m'inspirer confiance, d'autant moins que, au lieu de me compter la dot stipulée, on prétendait me faire payer sa pension dans sa propre famille.

Au commencement de septembre 1876, après une nouvelle et vaine réclamation, j'avais écrit au sieur Idou à peu près ce qui suit :

Le séjour prolongé de ma femme au collège commence à faire jaser ; pour moi comme pour vous, il faut que ce scandale ait fin et qu'elle réintègre mon domicile où je la recevrai, puisque c'est mon devoir, mais encore une fois à la condition d'être aidé.

Puisque vous avez trouvé bon de vous débarrasser en ma faveur de votre fille, et mis sur mes épaules ce lourd fardeau, donnez-moi les moyens de le supporter en me payant tout ou partie de la dot.

A cette lettre, point de réponse.

On ne répondait pas plus à mes objurgations

qu'à mes prières ; c'était un plan concerté pour me pousser à bout, m'exaspérer et, en m'amenant à quelque éclat, me mettre dans mon tort en vue d'une séparation dont on supputait dès lors les chances et les avantages, le moindre étant l'économie de la dot. Indigné, je m'en pris à leur complice, dont la dernière incartade m'était parvenue, lui écrivant fin septembre 1876 :

... Tout autre que moi trouverait étrange que tu aies quitté, pendant huit jours, le collège sans en être avisé. Voilà une conduite un peu bien légère pour une soi-disant perfection. Il est vrai que je suis un être inférieur qui ne compte pas à tes yeux.

Si la mort t'attend chez moi, comme tu le dis si poétiquement, tu feras mieux de rester définitivement où tu es ; tu m'éviteras ainsi un remords. Il est ridicule de m'accuser de la perte d'une santé que tu n'as jamais eue, mais c'est un soulagement d'attribuer son mal à autrui.

La dernière fois que ta mère est venue ici, elle est allée se jeter en larmes au cou de M. C..., ton prétendant de rechange, sans doute pour lui exprimer ses regrets de la perte qu'elle avait faite en lui, l'apitoyer sur ton malheureux sort, et peut-être te préparer un remplaçant. Il en a fait gorges chaudes.

Pense si cela m'a fait plaisir ; je n'ai jamais d'ailleurs eu beaucoup d'illusions sur la sincérité.... Je le répète, réfléchis ; si tu reviens avec de meilleurs sentiments, je ferai mon devoir de bon mari. Sinon, j'aviserai.

Pour alléger la garnison de Lunéville en uti-

lisant les baraquements allemands de Baccarat,
mon escadron y avait été détaché le 1er octobre 1876.

C'est là que, quinze jours plus tard, ma femme
depuis six mois absente, me rejoignit.

La fidèle épouse, après une tentative d'avor-
tement, avait simulé une grossesse récente.
Sans expérience des femmes et de leurs roue-
ries, je fus naturellement la dupe de cette nouvelle comédie magistralement jouée, comme le
prouve ce joli spécimen d'un style ne rappelant
que de loin Mme de Sévigné :

Mon ange adoré, écrivait à la date du 30 octobre la vieille procureuse sentimentale à sa vertueuse fille, tu *peut* être *tranquille*, on ne parle plus
depuis ton départ ; ta *tandre* mère veille, mais il faut
rester près de ton *inconvénien* pour sauver les *appa-
rances*.... Tâche moyen qu'il nous f... la *paie* avec
ta *dote*....

« Ah ! qu'en termes galants ces choses-là sont
dites. »

Ramenée chez moi par la nécessité de justifier
son état, ma femme repartit à la fin de décembre
avec sa mère venue la reprendre. La dame Idou
se disant gênée par la fin du trimestre, je dus
payer le voyage du trio : mère, fille et bonne.

Ce procédé rééditant celui de Nancy, confir-
mait ma juste méfiance. Par le perfide contrat
inspiré par elle, je reconnaissais avoir reçu *qua-*

*rante mille francs*, naturellement fictifs. Ma situation pouvant devenir périlleuse par le décès éventuel de ma femme et de son enfant, je l'exposai à l'aimable belle-mère qui, selon sa coutume, ne me répondit que par des récriminations et des invectives. Excédé de ces tergiversations, j'écrivis :

5 février 1877.

Madame, la colère est mauvaise conseillère et je crois que nous ferions mieux de régler en douceur nos petites affaires. Ce que je demande, ce que j'exigerai au besoin, non sans raison, c'est un acte rectificatif me mettant à l'abri d'un aléa.

Mais « *l'honorable famille* », par la menace de cette épée de Damoclès, entendait me réduire à merci. D'où lettre exaspérée à ma femme :

9 février 1877.

.... Tes parents me prennent-ils pour un imbécile? Est-il possible de rencontrer plus de duplicité et de mauvaise foi? Je me veux mal de mort de m'être fié à eux, d'avoir pu croire à leurs mensonges.... Je veux leur montrer plus de désintéressement. Dis-leur que je consens, non seulement à les tenir quittes de tout, mais encore à leur servir une rente mensuelle de quarante francs, de soixante, quand je serai capitaine, pourvu qu'ils reprennent le triste cadeau qu'ils m'ont fait et que je n'entende plus parler ni des uns ni des autres....

Mais pour « *sauver les apparences* », selon la suggestive expression de la sage matrone, il con-

venait que sa fille me revînt encore une fois.
D'où nouvelle lettre à Mme Sila qui, faisant le
jeu maternel, avait manifesté cette intention.

11 février 1877.

... Je ne demande pas mieux que de te recevoir.
Reviens, nous aurons assez pour vivre, même sans
ta dot. Je suis au-dessus de pareilles misères. Je
t'envoie cent quarante francs pour ton voyage et celui
d'Anna et je pars pour Lunéville chercher un loge-
ment.

Tu ne m'as pas dit l'avis du médecin, mais je vois
que tu es réellement enceinte puisque.... Si tu me
donnes un enfant beau comme le dernier, ce sera la
réconciliation et la paix dans notre triste ménage.

A cette lettre, Mme Sila, qui n'avait pas la
conscience nette, voulant éluder une explication
délicate, m'avait fait répondre économiquement
par sa sœur; d'où nouvelle question.

14 février 1877.

Je trouve étrange la carte postale que tu me fais
adresser, outre qu'il est ridicule d'informer le régiment de nos affaires d'intérieur. Tu aurais pu du
moins m'accuser réception du mandat envoyé.... Tu
ne me dis toujours pas si tu es, ou non, enceinte....
Réponds.

Selon le plan combiné, Mme Sila revint à
Lunéville, où j'étais rentré le 1er avril, mais,
« *les apparences complètement sauvées* » tant aux
yeux du public qu'aux miens, elle rejoignit sa

complice, sans oublier le titre de rente et le peu d'argent qui étaient tout mon avoir.

A Toul, la belle accoucha, le 23 juin 1877, d'un bâtard engendré sous le toit paternel, sorte de mauvais lieu bien digne d'un autre nom.

C'est ainsi que « *l'honorable* » beau-père entendait me punir d'une téméraire réclamation, qu'il répondait à mon cri de détresse ; ainsi qu'au lieu du secours réclamé, l'homme de « *moralité et de droiture garanties* » jetait, dans ma vie déjà si misérable, un fléau bien autrement terrible encore que le premier.

N'aurais-je pas dû m'estimer trop heureux de posséder une douce et charmante compagne, don gracieux que j'avais le tort de ne pas apprécier à sa valeur ; une aimante et chaste épouse, fleur de santé, de beauté, de jeunesse et d'amour ? Qu'avais-je besoin d'un or vil avec un pareil trésor, ornement, orgueil et joie de mon heureux foyer !...

Depuis son mariage, l'insatiable hystérique était devenue la maîtresse d'un garçon de dortoir, bientôt secondé par le directeur de la dame conciliant ainsi galanterie et dévotion.

De même passaient, avec une égale facilité, du confessionnal à l'alcôve, les Rouées de la Régence, marquises et grandes dames bigotes et dévergondées, dont un malicieux satirique, Jean de Meung, aurait pu dire avec autant de vérité que d'ironie :

Toutes.êtes, serez ou fûtes,
De fait ou de volonté p....

De même encore on voit des marchandes de
voluptés dévider, entre deux clients, les grains
de leur chapelet, mettant de la sorte leur commerce en règle avec le ciel.

Telle aussi cette racoleuse couronnée, illus-
trée par ce vers de Juvénal :

*Et lassata viris, nondum satiata, recessit.*

Telle enfin cette professionnelle citée par
l'Ecriture :

*Os suum tergit et dicit : Non sum œdificata ma-*
*lum.*

Pour rien au monde on n'eût séparé la fer-
vente catholique du scapulaire noir de crasse
qui ne l'avait jamais quittée. A quoi, je me le
demande, lui servait ce prétendu talisman, consacré par le pape lui-même, s'il ne la préservait
ni de vices ni d'infirmités?

L'édifiant commerce, mi-profane, mi-sacré,
se pratiquait en toute sécurité sous l'égide maternelle.

Duègne intègre autant que vigilante, ce modèle des mères faciles veillait jalousement au
bonheur de *son idole chérie,* comme elle l'appelait amoureusement dans sa passion d'hystérique
exaltée.

8.

Impartiale eunuque, elle tenait la balance égale entre l'aumônier superbe et le serviteur obscur qui, au besoin, joignant l'utile à l'agréable, servait aussi de garde-malade.

Grâce à cette sage distribution, la sensible mère était heureuse du bonheur de sa sensible fille, et nul ainsi, ne soupçonnait, croyait-elle, les mystérieuses amours de « *sa poulette, de sa cocote* » âme incomprise et méconnue qui méritait une légitime compensation et qui, d'ailleurs, comme « *les belles et honnestes dames* » de *Brantôme, n'avait que deux amants à la fois.* »

Mon premier enfant étant mort par suite d'incurie, pour conserver le second je l'avais placé près de Lunéville, d'où je pouvais le surveiller. C'est ainsi que j'ai sauvé la vie de cet intrus. Le plus sûr moyen de m'en débarrasser eût été de l'abandonner aux soins maternels....

Pour intéresser la mère à son fils, je lui donnais les détails suivants :

16 août 1877.

L'enfant est superbe — c'est avec des yeux de père que je voyais alors le petit monstre — il commence à faire des mines drôlettes.... Tu serais heureuse, si tu le voyais; il pousse des cris de joie quand on le fait danser; il commence à me connaître; il boit énormément et grossit à vue d'œil. La nourrice n'aura bientôt plus assez de lait pour le rassasier. Sa tête est couverte de cheveux.

Je l'aime à la folie et je pleure quand il me sourit…. Reviens, afin de faire taire les mauvaises langues.

Pour des raisons alors connues de sa mère et d'elle seules, ma femme s'était réservé le choix du parrain; longtemps elle avait hésité entre ses galants, par prudence écartés; ce furent le sieur et la dame Idou qui, à mon insu, assumèrent cet office. D'où nouvelle lettre à Mme Sila.

20 août 1877.

Il serait assez rationnel que je connusse le parrain. Cela, dis-tu, ne me regarde pas. Je te déclare que le baptême n'aura lieu qu'avec mon assentiment.

Mauvais vouloir et bravades croissant, j'écrivais exaspéré, outré :

23 août 1877.

Il est bon de nous expliquer enfin…. Tu m'as trompé sur l'état de ta santé qui t'interdisait mariage et maternité….,

Tu m'as rendu aussi malheureux qu'il est possible de l'être…. Tu m'as privé des douceurs et des joies de la famille; tu m'as condamné au célibat, à la solitude; tu m'as ravi tout ce qui fait la vie douce, bonne, heureuse….

Puisque tu n'avais d'autre mobile que l'intérêt, pourquoi n'avoir pas épousé quelque vieillard, cacochyme comme toi, mais bien renté, et pourquoi t'être emparée de ma modeste position, ma seule fortune?… avoir sciemment, méchamment neutralisé, stérilisé ma vie?... Je ne pourrai jamais plus, paria misérable, goûter les joies permises d'un amour légitime, jamais plus me réjouir des caresses de beaux enfants.... Voleuse, pourquoi m'as-tu ravi tout cela? Ah! je te pardonnerais plutôt un coup de couteau. Mieux vaudrait la mort que la vie que tu m'as faite.

Je ne compte pas la misère à laquelle ton inertie, ton ineptie m'ont réduit; c'est encore là le moindre de mes maux, et je le supporterais légèrement s'il y avait quelque compensation; mais tu n'as jamais eu pour moi un mot d'affection.

Tu n'as même pas, pour les tiens, l'instinct de l'animal pour ses petits.... La perdrix affronte chien et chasseur pour sauver sa couvée; tu es certes bien au-dessous d'elle. Je me rappellerai toujours ce cri du cœur : « Pouvais-je compromettre ma santé.... Qu'est-ce que la vie d'un enfant de six mois auprès de celle d'une personne de mon âge?... » Voilà tout ce que tu as trouvé devant le pauvre petit cadavre que tu avais fait.... Ah! mère dénaturée, mère indigne de ce nom... marâtre!

Ah! que n'ai-je écouté mes pressentiments qui me criaient : « Casse-cou! Tu cours à l'abîme! »

Où donc avais-je les yeux? Comment ne me suis-je pas méfié de cette pâleur blafarde, indice de tes secrètes maladies?...

Ah! vicieuse hystérique, je te dois toutes les tortures, jusqu'au doute de ma première, comme de ma seconde paternité.... Cette petite Jeanne que j'ai tant pleurée, que je pleure encore pendant des nuits, n'était peut-être pas ma fille.... Ah! ce serait trop odieux, trop atroce....

Avoir perdu un trésor de jeunesse, de santé, de

beauté et me voir affligé d'une femme telle que toi, ah ! c'est trop, trop cruel !...

O Dieu ! était-ce donc pour pareille conquête que j'ai parcouru trois océans et trois continents, bravé des hivers de Sibérie et des étés de Sahara, affronté tempêtes, épidémies, anthropophages et bêtes féroces, et dangers de toutes sortes, sans parler des boulets et des balles ? Etait-ce donc pour échouer aussi misérablement au port que j'ai échappé à tant de périls.

Non ! Tu n'avais pas le droit de te marier ; tu es doublement criminelle, envers moi d'abord, à qui as menti, puis envers tes enfants que tu as condamnés : l'une aux affres de l'agonie dans l'abandon — une chienne eût réchauffé et ranimé son petit mourant — l'autre à toutes les misères des infirmités humaines. Celui-là te demandera compte un jour de son horrible vie.

Malgré remontrances et objurgations, ma femme s'obstinait à rester à Toul : Calcul judicieux ! Tactique savante ! Inconscient du nouveau piège, je fournissais par exaspération les armes cherchées, témoin cette lettre :

6 octobre 1877.

... J'ai pour moi le droit, la justice et la loi...

Oui, la justice saura bien des choses, si l'on me force à les dévoiler ; elle connaîtra l'indigne comédie d'amour et de désespoir où tu as si bien joué ton rôle ; elle apprendra comment, après vingt ans d'une lutte où j'ai vingt fois risqué ma vie, il s'est trouvé des gens assez vils pour m'enchaîner à une femme immariable, pour me river au pied pareil boulet.

Oui! tout ce dont on me leurrait : santé, douceur, affection, modestie, tout n'était qu'hypocrisie et mensonge.... Egoïsme, prétentions, exigences, délabrement et gâtisme séniles, voilà ce que cachait ta fraîche couronne d'oranger, ta robe virginale, ton voile immaculé et ton air étudié de madone que le lis même n'était pas digne d'effleurer.... O Dieu! quelle déception et quelle chute, quand ce masque est tombé.

J'en suis encore à me demander comment j'ai pu choir, pauvre aveugle, dans la chausse-trappe tendue à ma sensibilité et à ma compassion, car tu n'as rien, absolument rien de séduisant.

Ah! je sais que ta glorieuse mère, plus vaniteuse encore que toi-même, et qui me rappelle ces vers de La Fontaine :

> Mes petits sont mignons,
> Beaux, bien faits et jolis sur tous leurs compagnons,

t'a persuadée que tu es la huitième merveille du monde.

Mais, malheureuse victime de la flagornerie et de l'infatuation, rentre donc en toi-même ; prends un miroir et regarde....

Oui! sépare-toi pour un moment de tes lunettes et contemple-toi, si tu l'oses.... Tâche de ne pas te faire peur à toi-même et de ne pas fuir devant ces yeux mornes, hagards, sans expression et sans vie.

Et tes dents, que tu ne peux, comme tes yeux, dissimuler.... Ah! je comprends pourquoi la parole et le rire te sont interdits. Mais insister serait cruel.... Je n'ai voulu que te faire descendre de ton piédestal d'orgueil et te ramener à la réalité, à la vérité que j'ai le courage de te dire plus qu'une mère aveugle, dont l'inepte gâterie n'a fait de toi qu'une misérable poupée....

Je ne puis oublier l'histoire de tes prétendants. Tu as soupesé ce gibier levé par l'industrie maternelle, supputé sa valeur en écus, et naturellement, tu as pris le plus lourd.... C'est à ce mobile délicat que je dois l'insigne honneur d'avoir été l'élu, je ne dis pas de ton cœur, mais de ta cupidité, triste honneur dont je me serais fort bien passé.

Je connais aussi les mains sans scrupules qui, à la veille du mariage, ont intercepté les renseignements par moi demandés à Mirecourt, et qui, en me révélant ton état, t'auraient laissée à tes médicaments.

Malgré ces agissements, tu aurais, avec un peu d'affection, pu gagner la mienne ; le père eût pu m'attacher à la femme et les enfants à mon foyer.... Tu m'as tout ravi, tu n'es qu'un monstre.

Nommé capitaine aux 1ᵉʳ chasseurs et arrivé dans ma nouvelle garnison, Epinal, j'informais, le 20 octobre, ma femme de ce changement, ajoutant :

... Si tu prétends rester à demeure à Toul, mieux me vaut prendre une chambre qu'un appartement inutile pour moi seul.

L'enfant est mal tenu ; je suis allé le voir à l'improviste lorsqu'on me croyait déjà parti. Il était mal vêtu, malpropre et transi. J'ai grondé la nourrice et assuré sa surveillance. Mais tout cela ne t'inquiète pas ; ce n'est pas toi qui souffres.

Las d'atermoiements perfides, ce fut au sieur Idou que cette fois je m'adressai.

28 novembre 1877.

Mme Sila ne me répondant pas, ou ne le faisant que par des moqueries et des injures, c'est à vous que je m'adresse. Je veux sortir de la situation ridicule où me met son absence injustifiable. J'ai assez de ces débats honteux.

Si l'on m'y force, je plaiderai en séparation. L'intérêt de l'enfant l'exige autant que le mien. Il n'est pas juste que nous soyons seuls à pâtir, et vous aurez votre part des désagréments que vous aurez causés.

Je demande une solution : dois-je ou non compter sur un retour ?

Point de réponse. Cependant, par affection pour l'enfant je tentai un suprême effort. Prières, menaces, tout fut inutile. Un autre complot se tramait, une nouvelle attaque qui bientôt allait se déclarer.

# CHAPITRE XIII

## UNE FAMILLE COMME ON N'EN VOIT PLUS

Le moment est venu de vous présenter
« *l'honorable famille à laquelle j'avais le bon-*
*heur d'appartenir.* »

Sans distinction ni prestige, le sieur Idou, son
chef, ne payait pas de mine. Sa tournure et sa
tenue ne répondaient guère à l'idée que l'on se
fait d'un fonctionnaire de cette importance. Telle
était sur lui l'opinion la moins malveillante ; de
mauvais plaisants prétendaient même que sa
place eût été à la porte, comme concierge, plutôt
qu'à la tête du collège, comme principal.

L'astuce et la perfidie qui m'avaient capté
étaient ses moindres défauts. D'une incurable
paresse, il cachait dans les vastes poches d'un
paletot crasseux des mains honteuses de leur
désœuvrement, et sous les ombrages solitaires
de son parc une obésité prononcée, son désespoir, fruit d'un autre de ses péchés mignons.

L'air méditatif et profond qu'il se donnait par contenance ne trompait personne. Buste creux dont l'allégorique renard aurait aussi pu dire : « Grosse tête, mais de cervelle point! »

Négligent, incapable d'attention, il fallait attacher dans ses poches ou à ses vêtements mouchoirs et parapluies que, malgré cette précaution, il semait au dehors.

Même un soir, il avait laissé dans un wagon chapeau, pardessus et parapluie. Rentré en casquette il ne se réveilla que sous un magistral soufflet appliqué par la large main de sa douce moitié. Une autre fois, plus mémorable encore dans les fastes familiales, revenant d'une excursion, il y avait oublié sa femme et l'une de ses filles. A leur retour, qui lui rappela sa bévue, conscient de sa faute et de ses suites, comme un barbet craintif, il n'évita la correction méritée qu'en s'enfermant dans son refuge habituel où il dut se coucher sans souper.

Jamais Molière n'eût rêvé un type aussi parfait de l'*Etourdi*.

Souvent répétées, ces scènes burlesques, tragi-comiques ou scandaleuses, transpiraient, en dépit du mur de la vie privée, et défrayaient la chronique amusante.

Usurpant le pantalon marital, la dame Idou, autant par son entregent que par son âge, de quatre ans supérieur, était le chef incontesté du ménage.

Figure large et couperosée par l'amour de la bonne chère et des alcools, peau rugueuse, voix de rogomme, moustache accentuée, tout cet ensemble moins gracieux que viril, contrastant avec la face ecclésiastique et neutre de son conjoint, expliquait cette interversion des rôles ; on sentait que la nature l'avait destinée au sexe laid et fort. Inélégante d'aspect, de ton et de manières, ce n'est pas à elle que Chrysale eût fait le reproche de se piquer de beau langage.

Comme le poisson dans l'eau et l'oiseau dans l'air, elle avait trouvé dans la cuisine son élément. A la tête d'un groupe de marmitons, brandissant, en guise de sabre, un grand couteau à découper, elle les faisait marcher au doigt et à l'œil.

Au milieu de l'immense cuisine qui avait, au bon vieux temps, vu rôtir des pièces entières de venaison, se développait un énorme fourneau où s'élaborait la subsistance générale.

Une vaste cuiller à pot lui permettait d'allonger copieusement d'eau chaude le bouillon gras, dangereux pour la santé des élèves.

Toujours mal peignée, il lui arrivait trop souvent d'y oublier quelques-uns de ses cheveux postiches, que les délicats écartaient discrètement, tant la redoutable fricoteuse leur imposait. Moins la grâce et la beauté, c'était Junon faisant trembler l'Olympe, je veux dire le collège, au seul froncement de ses terribles sourcils !

Et la lingerie ! C'est ici surtout que régnaient l'incohérence et le désarroi dont la légendaire cour du roi Pétaud lui-même n'eût été qu'une image affaiblie !...

De temps en temps, sous les hautes voûtes sonores, si longtemps silencieuses du vieux monastère, retentissait une voix de Stentor : « Idou ! Idou ! » A ce nom harmonieux et poétique répercuté par les échos des vastes salles ; à ces accents tonitruants et formidables qui ameutaient les chiens du voisinage, on croyait entendre la mère Michel à la recherche de son chat.

Le triste sire qu'était son mari, — lequel, d'après la légende, ne l'était que de nom, — jouissait de la considération qui convenait à son rôle équivoque, à sa situation ridicule de Sganarelle trompé, battu et content.

Il répondait à un nom hébraïque, gracieux et euphonique, quelquefois dangereux à porter, nom fatidique et prédestiné, celui du facile époux d'une vierge mère (?), qui s'applique, à tort ou à raison, aux maris malheureux. Celui-ci ne justifiait que trop cette fâcheuse appellation.

La dame Idou, en effet, alors qu'elle possédait la beauté du diable, la seule à laquelle elle eût pu prétendre avant d'avoir été outrageusement déformée, avait, de concert avec deux autres luronnes, fait les délices de la garnison d'Épinal, où son débonnaire époux était maître d'étude,

Là, le galant trio était connu sous le nom par à peu près mythologique des *Trois Garces*.

Dignes filles de ce beau couple, ces demoiselles, parce qu'elles habitaient de somptueux appartements, n'étaient pas loin de se prendre pour des princesses.... Principal!... Ce titre ronflant ne rime-t-il pas avec général?

Au dehors, ces précieuses ridicules se figuraient que toute la ville n'avait d'yeux que pour elles, qu'elles faisaient tourner toutes les têtes et battre tous les cœurs...

L'aînée étant partie pour l'Allemagne dans le but d'y apprendre la langue, selon les parents, pour y liquider une grossesse, insinuaient des médisants, cet important événement avait fait l'objet d'un dithyrambique article, réclame à double effet pour achalander de clients l'industrie du pratique marchand de belles phrases et de mauvaise soupe, et d'épouseurs ses vertueuses filles.

Il n'est bruit, mandait à la belle étudiante l'auteur prétendu de ses jours, que de ton voyage qui a produit une profonde sensation et qui ne pourra qu'ajouter à ta renommée, à la nôtre et à celle du collège (*sic*)....

Comme pédantes, ce pédant n'en pouvait rêver de plus accomplies; elles étaient, disait-il, son honneur et sa gloire.

Dans le vaste sous-sol du collège était emmagasiné un approvisionnement militaire. Pour le préserver des rongeurs on y entretenait des chats. Malheur aux malavisés qui s'aventuraient chez M. le Principal. Cet éminent fonctionnaire se faisait un jeu de leur prendre traîtreusement la queue dans l'entrebâillement des portes.

Selon la pression de cet étau cruel, la malheureuse bête affolée poussait des hurlements plus ou moins aigus, et cette musique de chambre, comme l'appelait spirituellement l'ingénieux imprésario, avait, paraît-il, un charme si puissant, qu'il mettait en liesse l'intéressant auditoire.

Parfois même l'une de ces demoiselles, courant au piano, accompagnait en dilettante l'horrible gamme du supplice; quand il y avait accord entre le misérable chat et la douce enfant, c'étaient des trépignements, des cris de volupté parmi les hystériques donzelles : « C'est le *la*, disait l'une; non c'est le *si* faisait l'autre, un peu plus fort, papa, il va donner le *do*. »

Des chats mutilés ayant attiré l'attention, le sieur Idou, après semonce, fut privé de son divertissement favori.

# CHAPITRE XIV



### PROCÈS DE SÉPARATION

Contre vent et marée, ma femme entendait demeurer à Toul où elle avait, pour la servir, la choyer et la dorloter, sa mère et toute la courtisanerie domestique sans parler d'autres attaches encore à demi-secrètes alors, je veux dire la double liaison qui lui apportait toutes les satisfactions du mariage sans aucun de ses désagréments.

Là, loin d'un mari, d'un enfant importuns, loin des soucis d'un ménage, une vie de voluptés et de délices près d'une confidente discrète et dévouée, docile ministre de ses plaisirs, à l'instar de la complaisante Pompadour, procureuse attitrée de son royal amant.

Là, au lieu d'un mari froid, grognon, atrabilaire et rébarbatif — aménités à mon adresse — réfractaire aux ardeurs d'une chair morbide et enfiévrée, deux amants, choisis comme pour elle-même par le goût pratique et sûr de la femme galante expérimentée qu'avait été sa mère ; deux modèles, dont le contraste heureux flattait ses yeux, ses sens et son cœur : l'un sérieux, mystique et discret, dans toute la force de l'âge, d'une corpulence bien nourrie, d'une santé fleurie ; l'autre du même âge que sa maîtresse, moins distingué que son altier émule, mais, à cause de sa vivacité, de sa gaîté juvénile et souriante, tout aussi attrayant et cher aux goûts variés de la dame.

Ainsi dans le demi-monde, des mères sans préjugés surveillent à la fois les intérêts et les amours de leur progéniture. Sous ce rapport la dame Idou était un type accompli et remarquable. Prudente, avisée, faisant la part du feu et localisant le danger, elle avait limité le scandale à son foyer, dans la crainte de le voir éclater au dehors, où l'intéressante enfant, dans un accès d'éréthisme ou de folie hystérique, eût pu, comme certaines de ses congénères, chercher la satisfaction d'appétits insatiables, d'instincts incompressibles.

D'un autre côté, las de vaines réclamations toujours éludées, j'étais passé de la parole aux actes. Par ministère d'huissier, j'avais sommé le sieur Idou, qui avait dû s'exécuter, de me remettre une reconnaissance de la dot, payable en trois échéances. Or, la séparation, si elle était prononcée au bénéfice de ma femme, le dégageait de toute obligation, puisque sans l'une je ne pouvais réclamer l'autre.

Le premier terme approchant, il fallait agir. L'experte Principale se faisait fort de dénouer le mariage aussi facilement qu'elle l'avait noué, et d'en unir les avantages conquis à ceux reconquis de la liberté du célibat.

Autant pour complaire à sa favorite que pour s'éviter la nécessité, toujours douloureuse, d'avoir bourse à délier, voici le classique moyen qu'elle employa :

Sous prétexte d'un rapprochement, et sous couleur de tout préparer pour le retour de ma femme, elle me dépêcha une bonne. Exempte de tout scrupule et grassement soudoyée, cette prétendue bonne, fille galante et fort jolie, avait pour instruction de se laisser séduire, d'y aider même par de discrètes avances ; plus faible que Saint-Antoine, je devais inévitablement succomber.

On comptait sur un instant d'oubli de ma part, mais méfiant par expérience, pas plus que le célèbre anachorète, je ne cédai à la tentation ; j'évitai ce grossier panneau à mailles trop visibles, et sortis de là comme Ulysse des mains de Circé et Joseph, de celles de Putiphar.

Impossible, par conséquent, de m'attaquer pour entretien d'une concubine au domicile conjugal, ce qui, pourtant, eût bien simplifié le problème et la pauvre fille ne put toucher la deuxième partie de la prime convenue.

Brouillée avec ses honorables commanditaires, elle me révéla plus tard ce joli complot.

Cette combinaison, qu'il m'est bien permis de qualifier de canaille, déjouée, la grosse matrone, comme la réserve dans une bataille compromise, se décida à donner de sa personne; elle arriva donc avec sa fille.

Dans mon aveugle et incurable bonne foi, j'accueillis les perfides et leur fallacieux rameau d'olivier sinon avec joie, du moins sans méfiance, espérant enfin retrouver, non le bonheur que je n'avais jamais eu, du moins la paix du ménage.

Cette feinte entrée, ai-je besoin de le dire, n'était qu'un nouveau piège de la rusée commère qui, tout énorme qu'elle était, ne manquait pas de finesse et qui, comme le renard de la fable, avait plus d'un tour dans son sac.

Le lendemain, pendant mon absence, l'honnête Principale, estimant que la fin justifie les moyens, força mon secrétaire à l'aide d'un serrurier qui, payé pour se taire, fut ensuite introuvable.

Nos aventurières enlevèrent toutes les lettres de ma femme, dont quelques-unes fort compromettantes, et une partie de celles de sa respectable maman, non moins édifiantes, non

moins dangereuses par des recommandations
aussi naturalistes que transparentes et des expressions choisies.... dans le dictionnaire de la
langue verte.

A aucun prix cette correspondance, condamnation de ces dames distinguées, ne devait rester entre mes mains.

Mises en appétit, elles firent main basse sur
une somme de deux cent cinquante francs, sur
la totalité du linge, sur mes chemises et jusque
sur une paire de bottines vernies toutes neuves
que je reconnus plus tard aux pieds du deuxième cavalier servant de ma femme ; bref, elles
eurent le loisir de me dépouiller complètement.

Après ce bel exploit qui, perpétré par des fri-
pons vulgaires eût été un cambriolage carac-
térisé, mais qu'une singularité de la loi laissait
ici sans répression, les honorables crocheteuses,
que n'arrêtaient ni vains scrupules ni stupides
préjugés, se retirèrent avec la conscience et la
sérénité du devoir accompli, chez un vieux
roquentin de la ville, décrié, de mœurs équi-
voques, dont la femme, contemporaine de la
dame Idou, mais alors défunte, avait, avec elle,
jadis défrayé la chronique amoureuse comme
amazone de l'escadron de juponnerie légère
dont j'ai parlé.

Hébergées par leur hôte, en souvenir de certaines complaisances auxquelles la mère, de

charmes surannés, ne pouvait plus se prêter, mais que, sans trop se faire prier, suppléa sa non moins complaisante fille, ces dames disposèrent leurs batteries et préparèrent leur attaque.

Dans ces délicates conjonctures, ce mentor, juge au tribunal de commerce et conseiller municipal, au courant des us et coutumes et en relation avec les gens d'affaires de la ville, leur fut d'un puissant secours.

Enfin, la cause fut appelée.

Dépouillé de mes ressources pécuniaires et autres, privé de tout moyen de défense, j'augurais mal du succès.

Pourquoi, dites-vous, n'avoir pas dévoilé les scènes édifiantes qui avaient déterminé votre mariage, scènes où le sieur Idou et les siens, chacun dans son rôle, s'était montré un acteur consommé?

Sans les preuves matérielles d'où ne sort pas, en France, la traditionnelle routine de la justice, comment eût-on pu croire à la tragi-comédie qui m'avait amené, victime débonnaire et naïve, dans des rêts si grossièrement tendus? N'eussé-je pas risqué, par la révélation de mon abracadabrante aventure, de provoquer, non l'intérêt, mais l'hilarité du tribunal ébaudi par un aveuglement sans exemple?

Eût-il ajouté plus de foi à l'invraisemblable

incurie qui avait causé la perte de mon premier
enfant, à la suspicion, encore indécise, où je
tenais la naissance du second.

D'autre part, la roublarde vieille, avec son
flair habituel, avait choisi, pour son offensive,
l'époque de l'année qui me laissait le moins de
répit. Surpris par cette savante tactique, je n'avais
pu me mettre en garde contre une agression
aussi soudaine qu'inopinée.

Un avocat retors et madré, jouant habilement
de lettres triées dans ma nombreuse correspondance, arriva facilement à faire ressortir, avec
ces prétendues preuves, les injures et mauvais
traitements infligés à la prétendue victime.

Or, on ne trouve dans ces lettres — lecteur
impartial, vous en ressentez l'impression — que
l'indignation d'un guet-apens sans précédent,
que l'exaspération, plus encore excusable, vis-
à-vis des moqueries et des sarcasmes par les-
quels on avait répondu à mes prières et à mes
menaces.

Et, dans une magistrale péroraison où il me
noya littéralement sous des flots d'éloquence,
l'avocat de s'écrier : « Voyez, Messieurs, ce
que les sévices de toutes sortes que je viens
de vous exposer ont fait de cette infortunée....

A ces mots, prononcés d'une voix défaillante,
tous les yeux se portèrent, avec un sympathique
intérêt, sur les deux formes massives, telles

deux énormes citrouilles, qui, bien stylées, fondirent en larmes; elles déployèrent, pour les étancher, des mouchoirs immaculés comme leurs belles âmes, et la fille éplorée ébaucha le geste théâtral de se jeter, faible oiseau cherchant un refuge, sur le sein maternel, mais elle ne put s'ébranler.

« ... de cette infortunée, continua l'avocat, naguère encore belle, gracieuse et heureuse jeune fille, orgueil d'une honorable famille. Que va devenir cette jeune femme, mère aussi tendre qu'épouse fidèle et dévouée, si prématurément, si cruellement déçue dans ses rêves d'affection, de bonheur et d'avenir.

« Désormais isolée dans sa vie brisée, quel bras, quel appui, quel espoir soutiendra dans l'âpre chemin qui lui reste à parcourir, la triste voyageuse dont les pieds déjà meurtris et ensanglantés ne tarderont à se dérober sous elle? La voyez-vous, guidant de la main vaillante, mais hélas! débile de son sexe, les premiers pas d'un délicat enfant; la voyez-vous, défendant avec l'indomptable énergie de l'amour maternel, contre les embûches qui l'attendent, ce fils lâchement abandonné par son protecteur naturel; la voyez-vous, travaillant de ses mains patriciennes pour suppléer aux ressources compromises par le dissipateur qui fut aussi mauvais époux que mauvais père ? Que deviendra demain cette existence assaillie à son aurore par une tourmente où elle a failli sombrer?...

*Ici, sanglots redoublés et bruyants de ces dames.*

« Qui de nous n'a présente à la mémoire la cause célèbre et toute récente encore qui vient de soulever l'indignation et l'horreur de la France, que dis-je? de l'Europe et du monde entier : un misérable dont je ne veux pas même, en cette enceinte, prononcer le nom, un scélérat, dans le but abject de s'approprier sa dot, s'est débarrassé de sa femme par un poison mystérieux dont son habileté professionnelle n'a pas laissé de trace ! (*Allusion probable à l'affaire Danval.*)

« Sans tirer de ce rapprochement une conséquence rigoureuse, n'est-il pas permis de se demander quel sort attendait cette douce et faible créature sans défense, auprès d'un reître inculte et grossier dont les manifestations hypocrites et maladroites d'une tendresse affectée dissimulaient mal le caractère emporté, violent et brutal... Ah! je frémis d'y songer!...

*Et tout l'auditoire, profondément remué, de frémir avec l'avocat....*

A cette minute décisive, l'une de ces victimes éplorées jugea le moment opportun de tomber évanouie — elle en avait la merveilleuse faculté — et des compères apostés les emmenèrent toutes les deux pour épargner à leur sensibilité de trop violentes épreuves.

*Rumeurs et agitation dans toute la salle, profondément impressionnée; quelques dames sanglotent..... Suspension de l'audience.*

Cloué à ce poteau d'infamie, il m'avait fallu dévorer en silence ma confusion, ma honte et ma rage augmentées par les airs courroucés et méprisants de l'auditoire; affronter de sang-froid, sans protester et sans broncher, moi déjà, quoique jeune encore, vétéran de toutes nos guerres, les allusions ironiques, les insinuations perfides et vénimeuses, les diatribes et les invectives d'un jeune avocat, frais émoulu de l'école, qui, sous l'immunité des quelques mètres de percale dont il était travesti, avait droit absolu d'insulte et d'outrage.

Le mien, qui n'avait pas même de serviette, pas même une feuille de papier devant lui pour prendre des notes; qui n'avait pas même songé à demander communication des lettres qui avaient servi à m'accabler, bafouilla, pour la forme, quelques phrases inintelligibles — il était enroué — où je ne distinguai que ces mots : « Indulgence du tribunal. »

Coût : six cents francs, soit deux cents francs par mot.

C'était, il est vrai, un des meilleurs avocats de la ville; mais il n'avait pas voulu dérober quelques instants à sa riche clientèle ni perdre un temps précieux pour une cause d'aussi infime importance que celle d'un officier sans nom, sans fortune et sans prestige, étranger au pays, et dont la défense, ne prêtant pas à de puissants effets d'éloquence, eût été sans lustre pour un maître de la parole.

Au bout de huit jours, jugement rendu, la séparation était prononcée contre moi. Je devais servir à ma femme, sa vie durant, une pension de douze cents francs, sans préjudice de son droit éventuel à la pension de veuve.

Modestement, ces dames avaient demandé deux mille quatre cents francs, c'est-à-dire les deux tiers de mon traitement.

On m'accordait, comme une grâce, la faveur de voir mon fils une fois par mois, sous la surveillance d'un témoin désigné par la mère, et, par-dessus le marché, j'étais condamné aux frais du procès qui, mon avocat compris, s'élevèrent à la coquette somme de mille huit cent soixante-dix francs et des centimes (1870 francs), chiffre fatidique et de facile retenue.... Je dois reconnaître que, pour ce prix modique, je recueillis environ dix kilos de papier timbré dont j'aurais pu allumer mon feu, s'il m'était resté de quoi me chauffer pendant l'hiver qui, cette année-là, fut exceptionnellement rigoureux dans l'est.

Telle fut la sentence équitable rendue par la justice impartiale de mon pays.

Selon que vous serez puissant ou misérable,
Les jugements de cour vous feront blanc ou noir.

Une fois de plus je venais d'éprouver cette cruelle vérité.

Le mariage n'avait donc pas été une mauvaise affaire pour une demoiselle qui, sans dot, se voyait maintenant assurée d'une rente viagère de tout repos.

A l'annonce de la victoire, l'heureux Principal et sa seconde muse exultèrent. Dans leur allégresse, impatients d'en connaître les péripéties, ils volèrent à la rencontre des deux triomphatrices qu'ils rejoignirent à Nancy, porteurs de gros bouquets.

Au retour, nos héros, dans leur ivresse expansive, clamèrent leur jubilation à tous les voyageurs, connus et inconnus, du train, à toutes les stations de la ligne; à la dernière, une troupe accourue de familiers de la maison les accueillit par de frénétiques hourras et la joyeuse détonation de flacons de champagne.

A la gare de Toul les attendait une dernière députation, conduite par le valet favori qui leur présenta compliments et fleurs.

Il s'agissait maintenant de commémorer dignement cette autre victoire d'Austerlitz remportée sans conteste par les savantes manœuvres du Napoléon personnifié dans son sexe par la géniale Principale.

Ouvriers et artistes aménagèrent et ornèrent les lieux qui devaient être témoins d'une fête telle que n'en eût jamais encore contemplé l'antique abbaye qu'était le collège.

Y furent invitées les sommités de la ville. En plein régime *du Seize mai ou des curés,* on n'eut garde d'oublier ceux des trois paroisses de la ville, car l'avisé caméléon qui, comme Panurge, craignait naturellement les coups, était toujours du côté du manche.

De même que mon mariage et la mort de ma fillette avaient été l'occasion d'imposantes manifestations-réclames, de même l'événement actuel célébré avec pompe, allait jeter un nouvel éclat sur la célèbre maison.

Au festin de Balthazar qui se préparait furent aussi appelés les membres distingués de la famille Idou que je vais vous présenter ici.

C'était d'abord la propre sœur de l'amphitryon, accourue tout exprès d'un couvent voisin, dont elle était Supérieure ; tout, dans cette remarquable famille, était supérieur.

Déjà mûre, elle s'était donnée à Dieu quand les hommes n'avaient plus voulu d'elle, et, selon la règle, avait échangé à la porte son nom profane de Cunégonde pour celui non moins harmonieux de Radegonde. Elle eût préféré celui plus poétique encore de Madeleine, mais c'eût été une allusion trop directe à ses erreurs passées.

On remarquait près d'elle le frère cadet du sieur Idou. Lui aussi, avait été principal... garçon d'une pharmacie; remercié pour ineptie, il en avait alors pris une à son compte, mais, comme le bon La Fontaine, il en avait mangé le fonds avec le revenu; et maintenant il gérait, de compte à demi avec une vieille... amie, une herboristerie de sixième classe; bref, une sorte de raté et de déclassé.

Eprouvant une extrême difficulté pour formuler, pour émettre une pensée vague et obscure, il avait pris le parti, sachant qu'il est d'or, de garder de Conrard le silence prudent; nullité muette, il était la contre-partie de son frère, nullité prolixe et bavarde. A cause de son excès de laconisme, on l'appelait dans l'intimité l'*Oncle Ainsi*, ce dissyllabe composant à peu près tout son vocabulaire.

Dans cette énumération, je ne me pardonnerais pas, non plus qu'elle ne me le pardonnerait elle-même, d'oublier une nièce de la dame Idou, longue et fluette personne au nez à l'évent, à la mine éveillée et futée, toujours sautillante sur des jambes dégingandées : ensemble gracieux qui lui avait valu du satirique Principal le nom drôlatique et seyant de Gerboise.

Pour ne pas faillir aux traditions galantes de la famille, cette intéressante jeunesse avait donné sa main, — sa main gauche, celle du cœur, —

à un sergent bavarois de la garnison de Metz, ce que M. Roux, cet oncle d'esprit raffiné, n'eût pas manqué, dans son langage pittoresque, d'appeler une « *alliance franco-germano-bavaroise.* »

Il serait trop long de s'étendre ici sur tout le reste de l'aimable famille, convoquée, ban et arrière-ban, pour la commune réjouissance.

Je ne décrirai pas non plus la vaste salle à manger, ancien réfectoire des révérends pères, qu'allait honorer de sa présence la belle et nombreuse assemblée de convives d'élites, ni la pièce voisine, non moins spacieuse, où devait prendre place, avec quelques invités de second ordre, tels que bedeaux, etc., la domesticité du collège.

A l'heure dite, parés et souriants, tous s'empressèrent au joyeux rendez-vous.

Correctement sanglé dans un superbe habit noir, flambant neuf, qui avait peine à contenir sa corpulence et sa joie débordantes, adossé à la monumentale cheminée, imposant et majestueux dans une pose napoléonienne, l'heureux amphitryon, entouré d'un brillant état-major de professeurs chenus et d'abbés glabres, ainsi que des jeunes et vieilles beautés de sa famille, accueillait d'un sourire à la fois modeste et fier, salutations et révérences, compliments et félicitations, tendait à tous une main impeccablement gantée de blanc, symbole d'une con-

science pure, que chacun serrait avec déférence.
Même une ingénue — où le respect va-t-il
s'adresser — y égara sa lèvre innocente.

Mais bientôt, à la porte de la salle à manger,
ouverte à deux battants retentit le traditionnel :
« *Mme la Principale est servie,* » du maître
d'hôtel à la mine rubiconde, chargé de la belle
ordonnance du repas.

Alors M. le Sous-Préfet, s'inclinant cérémo-
nieusement, présenta son bras arrondi à la maîtresse de la maison qui, pimpante et rayonnante,
en superbes atours, remercia d'un gracieux sourire qui montra la double rangée de perles d'un
ratelier nouveau.

Imitant ce galant exemple, chacun se mit en
quête de la dame qui lui avait été désignée par les
demoiselles de la famille, aides de camp tout
indiqués et décorés, comme insigne, d'un flot de
rubans roses ; puis tout ce beau monde passa
dans la salle du banquet, éblouissante de lumières
où, sur les tables somptueusement fleuries et
resplendissantes de cristaux, chaque place était
indiquée par un artistique menu dont le dessin,
par une fine allusion, par une délicate flatterie,
représentait la déesse de la Justice, Thémis avec
sa balance.

Puis toute la série des nombreux services se
déroula au cours des joyeuses conversations et
de la gaieté communicative que fait éclore une

bonne chère copieusement arrosée de vins généreux.

A l'heure glorieuse où le breuvage pétillant,
doré comme un rayon de soleil, moussait et
débordait dans les fines flûtes de Bohême, un
serviteur parut, grave et compassé, portant sur
un plateau d'argent une dépêche qui, attente et
curiosité, figea les conversations — reçue dans
la journée elle avait été réservée pour ce coup de
théâtre.

D'une main tremblante, le digne Principal
l'ouvrit au milieu d'un solennel silence : « Messieurs, » proclama-t-il, radieux, épanoui, « c'est
notre éminent ami, M. le sénateur Beffut, qui
m'adresse ses plus cordiales félicitations. »

Ivres d'enthousiasme et peut-être aussi de
champagne, tous vinrent, tour à tour, choquer
de leur coupe cristalline et sonore celle du héros
du jour qui, ne pouvant retenir des larmes
d'émotion, succombait sous le doux fardeau de
son bonheur.

« Messieurs, » s'écria-t-il dès qu'il put recouvrer la parole, et refaisant sans s'en douter un
mot célèbre, « ce triomphal procès est un des
plus beaux jours de ma vie; jamais, je n'en
aurai de plus heureux. »

« Ni de plus lucratif » fit souriante à son voisin
la prosaïque Principale.

D'acclamation, on porta la santé du généreux

Lucullus et celle du puissant suzerain, très populaire dans son fief électoral peuplé de ses créatures.

C'était ici l'occasion de parler du procès. La grosse Principale, qui n'avait point fait sa rhétorique comme ses savantes filles, et qui, dans son pittoresque langage, eût pu fournir de cuirs les dix tanneries de la ville, laissa prudemment la parole à l'héroïne du jour.

Celle-ci recommença pour la dixième fois le récit revu, corrigé et augmenté, mais toujours plus pathétique du mémorable événement.

D'une voix entrecoupée de larmes — la sensible dame n'en trouvait que pour s'attendrir sur elle-même et pleurer sur son triste sort — elle rappela son douloureux martyre.

Elle montra son jeune et vaillant défenseur, dans un foudroyant réquisitoire, terrassant le monstre qui nourrissait contre son innocente victime les plus noirs desseins; qui certainement eût amené la fin de sa lamentable existence par des tortures physiques et morales, peut-être même par le poignard ou le poison !...

Elle redit comment le propre avocat du misérable, jugeant impossible la défense de son triste client, n'avait pas trouvé un seul mot pour sa défense....

Elle refit le tableau, saisissant et vengeur, du scélérat chassé du prétoire sous le mépris, l'indignation et les huées du public qui, sans la protection de la force armée, eût écharpé l'odieux bourreau.

Et ce nouvel auditoire frémit et s'attendrit à la vue d'une infortune si profondément imméritée, si vaillamment, si noblement supportée.

Quelques âmes sensibles autant que dévotes essuyèrent des larmes furtives et faisant à leur hôte raison, vouèrent, entre deux biscuits, arrosés d'autant de verres du généreux vin de Thiaucourt, aux flammes éternelles de l'enfer, l'âme noire du plus grand criminel qu'elles eussent rencontré, même dans les romans de *Ponson du Terrail.*

Cependant l'heureux père, jouissant du succès oratoire de sa muse préférée, recevait modestement les condoléances attendries, les félicitations chaleureuses, des convives repus et expansifs. Il aspirait avec délices l'encens enivrant des flatteries les plus osées, les plus hyperboliques. Cette heure enchantée était l'apogée de sa glorieuse carrière....

Et nul signe mystérieux, menaçant, tracé sur le mur, ne vint, ainsi qu'au festin du dernier roi de Babylone, troubler la quiétude de sa félicité....

Autour des tables rangées en hémicycle circulait la cohorte empressée des valets du collège, déguisés à grands frais en domestiques de bonne maison. Faisant une douce violence aux

appétits satisfaits, les uns présentaient avec une
discrète insistance un dessert aussi riche que
varié : fines madeleines de Commercy, maca-
rons fondants de Nancy, confitures transparentes de Bar-le-Duc... d'autres suivaient, armés
chacun de deux flacons aux formes variées, arguments triomphants et sans réplique auxquels
chacun se rendant, tendait un des nombreux
verres rangés devant son assiette.

Parmi les chemins sinueux, formés de buissons
de roses suavement odorantes, aux couleurs savamment mariées, les fruits dorés et savoureux
des jardins du collège, phénomènes de beauté,
entassés en hautes pyramides offraient à la vue,
au goût, à l'odorat, un régal olympien. Et pour
compléter l'illusion, de jeunes Hébés brunes et
blondes, vaporeusement vêtues de bleu, blanc
et rose — note patriotique de rigueur — portant
dans chacune de leurs belles mains d'artistiques
bonbonnières, œuvre prétendue des habiles bro-
deuses de la maison, souriantes et sémillantes,
tentaient d'une irrésistible séduction, les palais
les plus blasés. Les sacs, tôt vidés, firent des
exquises dragées de Verdun et de leurs gracieuses dispensatrices le plus bel éloge.

Cependant, au milieu du brouhaha croissant
comme une marée montante des conversations,
et de leur diapason de plus en plus élevé, les
coupes, tant de fois vidées, s'étaient de nouveau

remplies du nectar que le monde entier nous envie.

C'était l'heure impatiemment attendue des toasts; par deux coups discrets sur son verre, l'amphitryon réclamant l'attention, porta, en termes choisis, la santé de ses hôtes.

Le tournoi d'éloquence, aussi brillamment annoncé, chacun pour en savourer le régal, s'installa commodément et ouvrit une oreille avide.

Dans un speech savamment improvisé, tenant à la fois de l'homélie et du sermon, le doyen des curés, religieusement écouté dans ce milieu spécial, appela la bénédiction de son dieu sur la jeunesse perdue de la douloureuse victime d'un mariage que n'avait pas favorisé la divine Providence, parce que l'un des époux n'étant pas un catholique pratiquant et convaincu n'avait offert aucune garantie pour une solide union....

Il plaignit la tendre épouse et mère condamnée à la fleur de ses ans, et pour le reste de ses jours, à l'isolement, à la détresse, aux périls d'un veuvage prématuré, mais que pouvaient adoucir les secours, jamais vainement implorés, toujours efficaces, de notre sainte religion. Et, de sa voix onctueuse et insinuante, il exhorta pieusement, charitablement, l'innocente et douce enfant à oublier un être indigne de sa haute vertu, de son noble caractère, de sa belle âme, etc.

— Quel monstre d'infamie, fit l'un des convives, cela dépasse en horreur tout ce qui s'est jamais vu....

*Aîn-si!* fit l'oncle de ce nom, qui n'avait que ce vocable pour exprimer toutes ses sensations, et qui, prudent, ne s'embarquait jamais dans une phrase dont il n'eût pu sortir.

— Sans doute, un pareil officier est une tache pour l'armée, mais pour une brebis galeuse, le troupeau n'est pas perdu, sentencia un vieux colonel, gloire de la rue des Postes.

— Heureusement le cas est rare, et c'est une déplorable, mais peut-être unique exception, atténua hypocritement un jeune lieutenant bien pensant, qui n'eût pas dédaigné la place de l'indigne capitaine.

— N'importe, conclut un notable commerçant, marguillier de sa paroisse, j'en parlerai à un mien cousin, ami d'un aide de camp du ministre de la Guerre, et je tâcherai d'expurger l'armée d'un officier qui la déshonore, ou du moins de l'envoyer crever en Afrique.

Un murmure approbateur accueillit cette judicieuse motion de l'éminent porteur de dais.

Les yeux béatement fixés sur une orange qu'il s'occupait longuement, de ses belles mains de prélat, à dépouiller de son enveloppe parfumée, un vicaire fit remarquer avec componction le danger de ces mariages hâtifs qui ne sont pas basés sur des principes religieux éprouvés, maisons bâties sur le sable et que renverse, tel un vent d'orage, le souffle du malin esprit; là, il fallait voir encore se manifester le doigt de Dieu....

Ici des sourires discrets effleurèrent les lèvres de ceux qui savaient que le bel abbé était le secret consolateur des chagrins de sa pieuse pénitente.

— Cet individu ne m'a jamais rien dit qui vaille, vitupéra un sacristain, et je tiens de source certaine qu'il ne va jamais à la messe ni à confesse; c'est un impie, c'est un athée!

— C'est un libre-penseur, un voltairien, un franc-maçon! corrobora un autre soutien du trône et de l'autel.

— Un socialiste, un anarchiste, un nihiliste! clama un jeune substitut, rêvant de sauver la société menacée.

— Un païen, un protestant, un juif! surenchérit un capucin aux traits ascétiques, aux yeux ardents de fanatisme, cousin du maître de la maison.

— C'est Satan, c'est Belzébuth! vociféra une vieille bigote édentée en traçant sous forme de croix un signe cabalistique sur son chaste sein pour en chasser ce dangereux ennemi du sexe d'aussi gracieuse que fragile vertu.

Et chacun de crier haro sur le pauvre diable

auquel les oreilles, durant cette belle soirée, durent terriblement tinter. Si le hasard l'eût mis, au sortir de cette édifiante réunion sur le chemin de ces doux disciples d'un dieu d'amour, nul doute qu'il n'eût passé, comme on dit, un vilain quart d'heure.

Assurée de l'assentiment de la soutane, de l'uniforme, de la toge et de leurs comparses émus et conquis par de larges libations, ce modèle des épouses et des mères, qui avait si dignement porté un nom indigne, déclara, au moment de quitter la table, qu'elle répudiait à jamais ce nom déshonoré.

Ne pouvant toutefois s'appeler comme sa mère, ce qui amènerait une confusion, « mon nom, » ajouta-t-elle, « sera dorénavant pour mes amis, Mme Philogone Idou. »

Jésuitiquement, chacun reconnut en la félicitant, qu'il était bien plus distingué, que celui dont on l'avait, pour son malheur, affublée.

Par abréviation, je lui avais donné le nom de Marie, celui de ma mère!!!

Pour le café, on se rendit au salon transformé en serre. Ainsi que cela se pratique dans le monde qui se pique de savoir-vivre, il y fut servi par de jeunes et gracieuses mains, celles connues des commissaires aux trois couleurs.

Vers dix heures, ces Messieurs du clergé, entraînant leurs satellites, se retirèrent discrètement et, les gros bonnets civils et militaires les ayant de près suivis on resta entre intimes et membres de la famille.

Vers onze heures, pour terminer dignement une si belle fête, parut un punch flamboyant, accompagné d'un réchaud embrasé, dont on se demandait, dont on connut bientôt la signification. Mme Philogone, ne voulant plus le voir ni en réalité ni en image, y jeta pêle-mêle un paquet de photographies représentant les traits abhorrés du monstre pour toujours banni de son chaste cœur.

Dans la précipitation et le trouble de son zèle — la dame n'était pas ennemie d'une douce ivresse — elle livra aux flammes, en même temps que la mienne, la seule photographie qu'elle possédât de sa petite fille, représentée dans mes bras; mais qu'importait à la tendre mère?...

Après cette exécution, aussi sommaire que méritée et de tous applaudie, une sauterie fut organisée par la juvénile assemblée ardente au plaisir.

Mme Philogone, que son embonpoint et d'autres raisons encore empêchaient d'y participer, se trouvait désignée pour le piano.

Las de danser, on passa aux chansonnettes et jeux de société.

Malade intermittente, Mme Philogone recouvrait toujours la santé devant un divertissement. C'était même le boute-en-train de cette charmante société qui lui réclama à grands cris une de ces spirituelles gaudrioles, dont elle possédait tout un répertoire, et qu'elle détaillait et mimait si bien.

En coquette qui sait doubler le prix de ses faveurs par une savante défense, elle ne se rendit qu'après une résistance sagement calculée; puis, ayant brillamment préludé, elle commença, au milieu des trépignements de l'auditoire, alléché par l'appât du fruit défendu :

> C'est la comtesse de Foll'biche
> Qui du haut de son balcon...
>
> . . . . . . . . . . . . . . . . . .
>
> Nom d'un coq, dit la comtesse,
> Ces beaux sapeurs en liesse,
> Tous les quatre il me les faut....

— Elle est bien assez gourmande pour cela, ne put s'empêcher de remarquer l'invité qui, transfuge du camp ennemi, me révéla plus tard ces intéressants détails.

Emoustillés par des charades salées et de croustillants calembours obligeant les plus innocentes à faire semblant de rougir; grisés par les rasades d'un punch gigantesque, chacun et chacune des jeunes messieurs et des gentes demoiselles dut y aller de son petit couplet.

Mlle la Gerboise, en le soulignant avec malice, roucoula son *ca*, son *ra*, son *co*, son *caraco*, vêtement que, dans son ardente charité, elle avait si généreusement prêté.

Entre cent talents variés, Mlle Bernadette, beauté cadette de la maison, possédait une voix de fausset rappelant celle de *Colombine* dans les théâtres de marionnettes. Ce don précieux lui avait valu, du curé de sa paroisse, intime de l'éminent Principal, la faveur d'être, dans la congrégation des enfants de Marie, le coryphée des chœurs sacrés qu'elle dirigeait magistralement.

C'est elle aussi qui menait les répons, quand un vicaire nasillard égrenait, prieur à tâche, avec le ronflement d'un rouet, d'interminables rosaires : murmure endormeur me rappellant encore aujourd'hui les ingénieux moulins à prières qu'autrefois en Chine m'avait fait admirer un aimable bonze.

Dans les champêtres promenades des Rogations, c'est encore elle qui donnait la réplique aux litanies, qu'elle savait par cœur, des saints patentés du Paradis, dont les chantres criards, semeurs à gages, épandaient par les chemins les noms élégamment latinisés qui, indéniablement, faisaient pousser carottes et petits pois.

Imposant à l'église par son attitude étudiée de vierge en extase, elle se retrouvait femme du monde, — et quel monde! — dans son salon, où sa dévotion commode n'était pas exclusive d'une badine et folâtre gaieté.

De son organe harmonieux, elle détailla, en la nuançant finement, à la grande hilarité du sexe pervers — c'est du nôtre que je parle, on pourrait aisément s'y tromper — une très jolie romance sentimentale dont le refrain transparent était repris en chœur par les Roués de la troupe :

> Ne recommence pas,
> Nicolas !
> C'est bien trop dangereux,
> Malheureux !

Cependant que les Agnès qui, par bienséance, ne devaient pas comprendre, contenaient mal, sous l'éventail, un rire chatouillé près d'éclater.

Enfin fut émise et acclamée la plaisante idée d'une partie de cache-cache à tâtons. Incontinent, l'éclatante lumière fit place à l'obscurité la plus profonde.

Et, divertissement charmant ! à travers les salons et appartements dont la superficie égalait celle d'une cathédrale, les loups perfides se lancèrent à la poursuite des tendres brebis, dont beaucoup, ne demandaient qu'à être dévorées.

Et dans les recoins solitaires et la nuit propice aux doux larcins d'amour, ces carnassiers, avides de chair fraîche, se livraient à de minutieuses explorations, à de consciencieuses reconnaissances dans le but honnête d'identifier leurs prises....

De temps à autre une bouche trop osée, une main trop curieuse arrachait à la nymphe saisie un cri de faible protestation....

Jetons un voile discret sur les scènes plutôt risquées qui se déroulèrent alors....

Somnolant dans une pièce à l'écart, le couple étrange préposé à cette étrange maison d'éducation suivait, d'une oreille attendrie, ces jeux innocents dignes de figurer parmi les contes édifiants de Boccace, de La Fontaine et de Balzac.

Quelques jours plus tard, quand se furent retirés les membres éloignés de la famille Idou convoqués pour relever, par le concours gracieux de leur esprit et de leurs personnes, l'éclat de ces fêtes; quand on eut digéré les joies du triomphe et les bribes du festin; quand plusieurs nuits réparatrices eurent calmé ces fatigantes, quoique si douces émotions, le redoutable Principal, dont vindicte n'était pas satisfaite, résolut de porter à son ennemi terrassé le coup de grâce et de miséricorde.

Un professeur qui donnait aux jeunes lettrées de la maison des leçons gratuites, mais non désintéressées, était un aide indiqué. Secondé par celui qui n'avait rien à lui refuser, leur père tailla, comme il le disait plaisamment, sa bonne plume de Tolède et, prenant avec lui ses modèles : Démosthènes, Cicéron, etc., il s'enferma dans sa retraite, dont il ne sortit que le quatrième jour, avec le chef-d'œuvre qui devait anéantir sa victime.

Ainsi que Molière et Boileau, le sensé Principal voulut essayer sur son entourage l'effet de ses périodes virulentes, savamment aiguisées.

Réunie au son d'une cloche dans la cuisine, la domesticité se groupa donc, avec la famille, autour du Maître grave et imposant.

Au centre du cercle silencieux, terrible comme un procureur demandant une tête, l'austère orateur, après s'être dûment ébroué et mouché pour éclaircir son organe, fulmina son redoutable réquisitoire.

Il parlait de louches individus, surgis on ne sait de quels bas fonds de la société par suite des malheurs de la guerre, comme des champignons vénéneux après une pluie d'orage....

Il blâmait la commission de revision des grades qui, plus sévère, eût dû renvoyer à leurs trafics, à leurs charrues, à leurs indécises et vulgaires besognes, certains officiers qui, comme le léopard de la fable, n'ayant que l'habit pour tout bagage, finissaient par déconsidérer, par avilir et salir l'uniforme....

Il faisait allusion à ces chevaliers d'industrie, chasseurs de dots qui, abusant indignèment du prestige, égaré sur leur poitrine, du signe de l'honneur, s'introduisaient dans les familles pour dangereux séducteurs à la langue dorée, surpren-

dre le cœur d'innocentes et crédules jeunes
filles, sans expérience et sans défense....

On ne saurait assez, disait-il, mettre en garde
les honnêtes gens contre ces imposteurs qui,
trop souvent, n'apportaient avec eux que honte
et ruine.....

Bref, sans le nommer, tout en le désignant
clairement, le subtil rhétoricien, décochait à son
ennemi, comme autant de flèches, allusions perfides et sarcasmes cruels.

Avant de l'immoler, le sacrificateur antique
enguirlandait sa victime de bandelettes sacrées ;
le toréro moderne perce la sienne de bande-
railles enflammées. Ainsi le redoutable Principal,
avant de lui porter le coup suprême, criblait son
ennemi des traits acérés de sa terrible philip-
pique.

Notre Mirabeau, par sa magistrale éloquence
par sa voix tonnante, tenait son auditoire en-
chaîné, haletant, béant d'admiration. Telle, au
récit des malheurs de Troie, Didon avait perdu
la parole.

— Ah ! le *couchon*, fit la dame distinguée de
ces lieux, dès qu'elle eut recouvré la sienne, du
coup, *le v'la f... u !*

— *Aïn-si !* confirma de son inimitable accent
l'oncle adorné de ce sobriquet.

— Saintes Cunégonde et Radegonde ! Vierge
Marie ! Seigneur Jésus ! confondez le brigand !

clama la nonne en éployant un vaste signe de croix tôt suivi d'un autre plus petit rituellement tracé sur sa poitrine opulente; c'est ainsi que la pécheresse repentie entendait conjurer l'Esprit impur qui, sous des traits méphistophéliques avait séduit la plus chaste vierge de sa famille.

— Sainte Bernadette! dix cierges de plus! promit l'enthousiasmée cadette à son illustre patronne,

Transportée, la grosse dame, pour la première fois de sa vie sautant au cou de son radieux époux, le paya de sa peine — comme dans les *Noces de Jeannette* — avec un retentissant baiser.

Et ce fut un spectacle bel à voir que celui de ces deux magnifiques poussahs, imposantes et superbes masses accolées, tels deux cuirassés à l'abordage, formant ensemble un poids formidable et inouï de deux cent dix-neuf kilogrammes, constaté l'année précédente!

Pour comprendre son mépris pour les gens de rien de mon espèce, il faut savoir que le personnage devait le jour à un problématique huissier de Metz et la plus belle, je veux dire la moins laide moitié de lui-même, à un pédagogue-fossoyeur-bedeau-chantre-sonneur de la banlieue de cette ville : détails venus à ma connaissance à l'occasion du procès.

C'est de la dame Idou, dont elle était la dot, que

provenait « *la belle propriété* » cause indirecte de mon malheur.

Pour moi, traîné aux gémonies par une main vengeresse, il ne me restait plus qu'un parti à saisir : disparaître à tout regard, cacher au loin l'opprobre dont je me voyais couvert. Bouche close et main liée par un règlement qui m'imposait le silence, j'avais dû subir, sans broncher, ce nouveau coup de pied d'âne.

Publié en réclame dans les journaux de la ville et même dans la Lorraine allemande, le fameux article avait fait merveille et valu au collège, en partie recruté d'annexés, une triomphante rentrée.

Est-il besoin de dire que, en raison de ses principes déclarés, la pieuse famille ne pouvait se dispenser de rendre au dieu des honnêtes gens à qui, par l'entremise de M. Beffut, était due la victoire, de solennelles actions de grâces.

Dans la vaste chapelle collégiale fut célébré, par le bel aumônier, directeur de ces dames, un service imposant relevé par l'élite de la ville.

Ce saint devoir accompli, l'*Oncle Ainsi* rejoignit ses simples (comme son esprit) ; mère Radegonde, l'innocent troupeau de novices remis à la garde de sa haute vertu ; Mlle la Gerboise son beau militaire et, fidèle au vœu propitiatoire du procès, Mlle Bernadette, avec le pèlerinage organisé par le clergé local, roula vers le pays merveilleux et ensoleillé des miracles et des prodiges.

Quant à Mme Philogone, elle s'était remise au lit dès le lendemain du banquet pour en savourer, assaisonnés de lauriers, les reliefs succulents.

Depuis la naissance de son fils, dont elle n'avait cure, sa mère ne l'avait pas revu. Toutefois, autant pour m'en priver que pour s'en faire honneur et profit auprès de ses galants, et surtout pour économiser les frais de nourrice, elle l'avait fait enlever dès le lendemain du jugement.

Le jour fixé pour ma visite mensuelle, enfin arrivé, je m'étais dès la veille rendu à Toul.

Travaillée par le récit dramatisé du procès d'Epinal, et les perfides diatribes élucubrées par nos deux rhéteurs, l'opinion publique m'était fort hostile ; je ne tardai pas à m'en apercevoir.

Dans les cinq ou six hôtels où je me présentai en tenue civile — l'uniforme eût été dangereux — on me répondit en me toisant insolemment qu'il n'y avait ni couvert ni lit disponibles.

Même quelques-uns de ces industriels me jetèrent violemment la porte au nez, tout en me couvrant, derrière cet abri sûr, d'une bordée d'injures dont je vous fais grâce.

Trop heureux de trouver, à cette heure avancée, un boulanger encore ouvert, j'achetai du

pain que je trempai dans l'onde pure d'une fontaine, et je m'apprêtais à l'aide de ma couver-
ture de voyage, à loger à l'hôtel de la Belle-
Etoile, lorsque, par bonheur, je songeai à l'a-
voué dont j'avais été, quatre ans auparavant, le
locataire et l'ami.

J'allai, non sans hésiter, car il était tard, son-
ner à sa porte. Et malgré l'impression produite
par le dangereux pamphlet, il me reçut cordiale-
ment et m'offrit un lit.

C'est même chez lui que, le lendemain,
Mme Philogone, avisée par lettre d'huissier, me
fit conduire l'enfant que j'embrassai sous l'œil
insolent et gouailleur du larbin distingué, (Toto
pour ces dames), à qui la mère, avait donné...
la moitié de son cœur.

# CHAPITRE XV

## PROCÈS D'APPEL

A la suite du procès d'Epinal, dénué de tout,
privé même de mon fils — comme tel alors con-
sidéré — j'étais rentré chez moi, prostré, désespéré, me demandant s'il ne valait pas mieux
en finir tout de suite. Mais fuir devant les airs
de bravade et de défi des insolentes mégères,
dont j'avais toujours devant les yeux le rire sar-
donique et moqueur, eût été, je le sentais, une
défaite honteuse, et ma faiblesse, un acte de lâ-
cheté.... Il y a parfois plus de courage à vivre
qu'à mourir; je ne pouvais donc me dérober à
cet impérieux devoir.

Après quelques jours d'accablement, je m'é-
tais ressaisi, résolu à lutter, coûte que coûte et
jusqu'au bout, pour mon honneur et la vie de
mon fils menacée par l'incurie qui m'avait coûté
mon premier enfant.

Afin d'écarter en appel l'influence qui avait

triomphé en première instance, j'essayai, dans une lettre, de désillusionner M. Beffut sur son indigne créature. Après avoir retracé les péripéties de mon mariage, je poursuivais :

... Grâce à votre nom, M. Idou se flatte ouvertement de gagner à Nancy comme à Epinal. C'est là une forfanterie impudente, un outrage à la magistrature. Souple et cauteleux, il a capté votre confiance, dont il abuse ; il trafique de votre faveur. C'est ainsi que, sur promesse d'une perception, il s'est emparé, fait notoire, de la voiture et du cheval d'une trop confiante dupe. L'intrigant déçu, — c'est du dernier que je parle — n'a osé porter plainte, par peur du ridicule....

C'est donc, non votre appui, mais votre neutralité que je viens vous demander.

Naturellement, l'ex-ministre de l'Empire, dont les désirs étaient des ordres pour une magistrature réactionnaire, asservie et gangrenée, jusqu'aux moelles, fut sourd à la requête de l'ennemi de son ami.

Je fis ensuite appel à tous ceux qui m'avaient connu : médecins, propriétaires, serviteurs qui, sans hésiter me prodiguèrent témoignages d'estime et même de sympathie, prouvant que je n'avais rien de l'assassin auquel un artifice oratoire m'avait assimilé.

Ma sœur, s'étant trouvée à cette époque, en situation de mettre à ma disposition quelques milliers de francs, je soldai sur cette somme, le procès d'Epinal; avec le reste, comme provision, je m'adressai à un avocat de Nancy, qui me réconforta de courage et d'espoir, exigea communication et prit copie des lettres si habilement exploitées en première instance, puis se chargea de réunir une partie des renseignements nécessaires.

Transcrire ici ces nombreuses déclarations serait une redite oiseuse; celles qui sont particulièrement honorables pour moi ne vous apprendraient rien; il m'est d'ailleurs interdit, comme trop élogieuses, de les reproduire. Seules, quelques pièces caractéristiques feront exception.

J'ai, déclare le docteur Putégnat, de Baccarat, à la date du 17 août 1878, donné mes soins à Mme Sila, atteinte d'*affection de la moelle épinière et d'accès hystériques résultat d'une ulcération de l'utérus,* que je chargeai Mme Drouot, sage-femme, de *cautériser.* M. Sila m'a paru affectueux pour sa femme et très anxieux de son état....

Je certifie, dit à la date du 16 septembre 1878, le docteur Job, de Lunéville, que M. Sila... m'a confié la surveillance de son fils pour qui ses lettres respirent une tendresse passionnée. La vérité m'oblige à déclarer, en outre, que Mme Sila, que jai traitée à Lunéville, *ne m'a jamais écrit depuis la naissance de son fils* pour avoir des nouvelles de cet enfant très délicat, et *qu'elle n'est jamais venue le voir.*

J'ai, dit à la même date le docteur Ancel, médecin

en chef de l'hôpital civil et militaire d'Epinal, donné mes soins à Mme Sila, et constaté chez elle l'état suivant : *état névropathique prononcé; affection hystérique compliquée d'épilepsie remontant à plusieurs années.....*

La demoiselle Idou, sous prétexte d'études, ayant séjourné en Allemagne, je m'adressai à la personne qui l'avait hébergée, dont voici la réponse.

Würtzbourg, le 19 août 1878.

Monsieur, l'importance de l'affaire qui vous occupe peut seule me décider à répondre à votre lettre du 17 août, dans le sens que vous désirez, en même temps que dans un esprit de vérité. C'est à contre cœur que je parle des personnes qui ont été mes hôtes.

Il y a cinq ans, Mlle Idou m'ayant fait demander pension, j'y consentis avec ces réserves que, naturellement, on ne trouvait chez moi que les coutumes et la nourriture allemandes, différentes des usages français et que, pour le prix offert de cinquante francs par mois, on ne devait s'attendre à une cuisine bien recherchée.

Conditions agréées, Mlle Idou se présenta. Mais bientôt je reconnus, non sans inquiétude, que, *malgré ses vingt-trois ans*, c'était une enfant boudeuse et passionnée, mécontente de tout ce qu'elle trouvait chez moi, et qu'elle avait des prétentions à être servie comme si elle eût payé cent francs et plus par mois.

A ce mécontentement, avait contribué une ci-devant Française, ma voisine, qui avait chez elle un jeune Parisien. Espérant, son riche client parti, le remplacer aussi lucrativement, elle insinuait à la demoiselle Idou qu'elle serait bien mieux chez elle et l'excitait contre nous. Tout cela m'était, on le conçoit, fort désagréable, et je l'aurais vue partir sans la moindre peine, car elle me valait beaucoup plus d'inconvénients que d'avantages.

Sur ces entrefaites, je dus faire un petit voyage, absence dont j'avais informé Mme Idou. A mon retour, je trouvai la demoiselle Idou de plus en plus cassante et arrogante.

Un jour, ayant mangé de la compote de myrtilles, elle se figura qu'elle allait mourir, sa langue étant déjà toute noire. Elle courut en hurlant (*heulend*) chez la susdite dame, et se croyant très malade, se jeta sur un sopha, dont elle ne voulut plus bouger. Mais alors Mme F..., reconnaissant qu'il n'était pas facile de s'en accommoder, télégraphia à sa mère de venir la chercher.

Restée chez nous pendant neuf semaines, Mlle Idou m'avait raconté que, *depuis son enfance, elle était toujours malade, qu'elle était hystérique, et avait eu plusieurs attaques d'épilepsie : preuve convaincante* — ajoutait avec raison cette dame — *que ce n'est pas le mariage qui avait dérangé sa santé.*

Quant à sa conduite, vous me permettrez de ne pas insister là-dessus ni sur les médisances, mal fondées sans doute, qu'elle a occasionnées....

... Oubliant ses mauvais procédés, je ne dirai pas le moindre mal sur son compte; je pense simplement que, en dépit de son âge et de ses hautes prétentions, c'était une enfant gâtée, capricieuse, sans expérience ni usage, et sans la moindre notion des connaissances les plus élémentaires.

Je puis me résumer ainsi : c'est qu'elle avait une santé débile et un caractère exalté. Le docteur qui a soigné son mal imaginaire m'a déclaré qu'elle n'en avait eu que la peur. Mais une preuve certaine que sa santé n'était pas bonne, ce sont les tourments qu'elle lui causait; une personne bien portante n'a jamais de ces angoisses.

Je désire fort que ma lettre ait pour effet de vous réunir à votre dame. Cela sera peut-être d'autant plus facile que vous êtes plus éloigné de votre belle-mère dont les soins exagérés lui font voir les choses sous un tout autre jour que dans la réalité.

Maintenant, Monsieur, j'espère que vous voudrez bien reconnaître, d'après ma lettre, que je ne me suis proposé, en l'écrivant, qu'un but bienveillant, et je vous prie, etc.

Régina GAUL,<br>Veuve de l'Inspecteur des Forêts.

Remarquez le tact et la réserve de cette dame distinguée, de haute culture et de haute situation, ainsi que l'innocente malice qui souligne l'âge de la belle.... Déjà vieille, l'ingénue, pour capter les cœurs, ne trouvait rien de mieux que de se rajeunir.

Voici, non moins fidèlement reproduite une attestation constatant l'état de la demoiselle avant son mariage :

Je soussigné, docteur en médecine, déclare, sur la requête de M. Sila, capitaine au 1er chasseurs à Epinal, que j'ai eu dans ma consultation, il y a quatre ans environ, Mlle Idou, actuellement sa femme.

Cette personne a présenté, lors de mon examen, tous les caractères d'une *anémie profonde, compliquée d'hystéricisme avec lésions utérines*, etc., et de *graves désordres cérébraux et nerveux*. J'ai été appelé à lui donner des soins à domicile, lors d'une *attaque épileptiforme*.

Metz, le 7 novembre 1878.

*Signé :* D<sup>r</sup> BAPST.

Telle était la demoiselle que, la veille même du mariage, on affirmait lis de pureté, rose de fraîcheur !

Autre lettre, où la belle enfant prétendue saine de corps et d'esprit, accuse elle-même à peine mariée, son délabrement.

.... Je suis toujours à peu près dans le même état. Le symptôme qui a apparu dès le commencement, et qui, à lui seul, caractérise la maladie, l'atonie des nerfs et des muscles, persiste toujours, et même il me semble que cet engourdissement augmente. Mes membres et parfois mon corps tout entier me font l'effet d'un immense cataplasme, et parfois je me crois transformée en mollusque.... Dans mes bras qui retombent inertes, dans mes mains, encore plus molles, on dirait qu'il n'y a plus ni nerfs ni muscles et à peine du sang! Ma respiration s'arrête parfois, et je suis là sans respirer, m'attendant que chaque soupir va être le dernier....

.... J'ai bien du mal à obtenir une rare visite... *(elle en exigeait au moins trois par semaine)*.

Vois le docteur Job ; insiste sur le symptôme apparu dès le premier jour.... J'ai aussi un peu d'embarras gastrique et une certaine douleur à l'épigas-

tre quand on le frotte fort.... Mon sang était cette
fois-ci tout décoloré.

Tu lui diras aussi que j'ai la fièvre surtout après les
repas...; que, quand on me touche, dans les moments
où ma faiblesse me force à l'immobilité, cela me
produit l'effet d'une commotion électrique et suffit
même pour amener une crise.... Quand j'essaie de
me tenir debout, je m'affaisse tout de suite sur les
genoux.

Anémie, chlorose, hystérie, épilepsie, ulcéra-
tions, sanies, purulences... telle était, confessée
par elle-même, l'agréable surprise que, pour
cadeau de noces, la délicate fiancée avait réservée à son heureux époux! Comment qualifier la
femme qui, consciente de ces tares contagieuses
et transmissibles, avait osé mariage et maternité?

Et pourtant, ô ironie de la justice! un tribunal
complaisant s'était trouvé qui, pour les coupables, n'avait eu qu'égards, déférence, presque
des condoléances, et, pour l'innocente victime
du guet-apens que sévérité, rigueurs, presque
des outrages!

La loi punit comme vol toute falsification de
marchandise. Mais elle est sans répression pour
l'indigne supercherie qui lie un honnête homme
à une femme vicieuse et flétrie, à laquelle amour
et enfantement sont interdits : abus de confiance
qui, s'attaquant à la vie, est plus criminel et
odieux que celui qui n'atteint que la bourse.

Depuis la guerre funeste qui nous a cruelle-

ment amputés, on déplore la dépopulation croissante de notre pays. Tant que des impunités
pareilles à celles dont j'ai le triste privilège
d'être une exemplaire victime pourront se pro-
duire, et que parents et maquignons imposteurs
ne seront pas traités sur le même pied, nombre
de célibataires, redoutant même sort, reculeront
devant la grande aventure du mariage.

Pourquoi veille-t-on moins en France au développement de notre espèce qu'à celui des races
ovine et porcine? Pourquoi des femmes, propa-
gatrices de décrépitude, génératrices de vices
et de crimes, ne sont-elles pas retirées de la cir-
culation au même titre que des apaches, fléau
moins dangereux?

J'ai précédemment fait allusion au prétendu
de rechange que s'était ménagé la prévoyante
fiancée. Etrangère à tout autre sentiment que
celui de l'intérêt, elle avait, presque à la veille
du mariage, pris la sage précaution de consulter
un notaire. Voici, intégralement transcrite, l'am-
phigourique réponse du jovial pince-sans-rire.

Mirecourt, le 17 mars 1875.

Chère Mademoiselle Philogone,

C'est avec un vif plaisir que j'ai appris la bonne
nouvelle. Comme Guzman, votre diligente mère ne
connaît pas d'obstacles; elle vous a trouvé deux prétendants. Voilà qui est bien joué; à vous maintenant
de continuer la partie avec adresse, en amadouant

ces militaires. Pour cela, il faudra savoir un tantinet
dérober à leurs yeux éblouis les rares, oh! très rares
petites imperfections susceptibles, dans votre belle
personne, de donner prise aux critiques des esprits
médiocres que sont peut-être ces guerriers. La nature, vous le savez, ne crée rien de parfait. Envers
vous prodigue de faveurs, elle vous a donné une
taille de sylphide, une démarche de déesse, une voix
de sirène ; mais pour mettre, selon sa coutume, une
défectuosité sur l'admirable pureté de vos formes,
elle vous a inspiré d'innocentes manies. Renoncez,
de grâce, à ronger vos ongles et vos blanches mains
n'auront rien à envier aux plus belles. Vos pieds
de même s'harmonisant aux mains sont irréprochables !... Il sera bon, cependant de les dissimuler sous
les plis d'une robe savante.

Mais je suis vraiment naïf, ma chère belle, de vous
faire pareilles recommandations. Une femme, même
privée de votre haute intelligence a toujours conscience des menus artifices destinés à captiver un
cœur. Les charmes, que vous saurez faire valoir, de
votre regard, de votre sourire, de votre esprit et de
votre personne produiront un effet irrésistible dou-
blé de l'éclat de la jeunesse et de la santé.

Vous me donnez des détails intéressants sur chacun de vos adorateurs, tous deux brillants officiers
de cavalerie, à peu près de même stature et de même
âge, n'ayant tous deux que la cape et l'épée, mais
l'un lieutenant et chevalier de la Légion d'honneur,
que vous désignez ingénieusement par le Nº 1, et
l'autre, simple sous-lieutenant, plus léger dans le
plateau de votre balance, par le Nº 2.

Je n'ai, dites-vous, point de préférence, tous deux
m'étant indifférents, mais faute de mieux, je dois
opter entre ces candidats. Les années s'écoulent, le

temps irréparable s'enfuit — votre père aurait dit cela en latin — et je suis sur le point de coiffer sainte Catherine, défilé périlleux que je veux éviter.

Je comprends votre appréhension et qu'il faut saisir aux cheveux, quand elle se présente, l'occasion fugitive. La fortune est femme et comme telle, — vous êtes une heureuse exception — quelque peu capricieuse.

Ce n'est donc pas d'un mariage de sentiment qu'il s'agit. Je me l'explique d'autant mieux qu'il n'est pas d'homme au monde capable d'apprécier la créature d'élite que vous êtes ni le don sans prix de votre cœur.

C'est la raison seule qui parle chez vous. Je reconnais là votre esprit pratique et celui de votre prudente mère qui sait fort bien qu'on ne vit pas d'amour et d'eau fraîche — pardonnez-moi ce dicton populaire, mais si juste — et que Cupidon affamé n'est pas viable; le meilleur, le plus sage mariage pour une jeune personne sensée est celui fondé sur une base solide et palpable; l'amour passe, l'argent reste.

C'est, par suite, moins à l'ami qu'au notaire que vous vous adressez ici et c'est à ce titre, qui m'honore et me flatte, que je vous réponds.

Puisque votre cœur, entièrement libre, n'a rien à voir dans l'union projetée; puisque vos parents et vous, judicieusement, préférez l'utile à l'agréable; puisque vous ne rêvez que le moyen de vous assurer une position aisée, un avenir avantageux; puisque, comme le dit ma vieille amie, le mariage est un mal nécessaire et le mari un inconvénient inévitable, vous n'avez pas à hésiter : prenez-moi le bon parti, celui des garanties matérielles.

A ce point de vue, je préfère le lieutenant avec ses

appointements supérieurs; de plus, sa croix — deux cent cinquante francs — est un appoint appréciable. Bien plus précieux, il est vrai, qu'un vil métal, sont votre grâce, vos talents, votre fraîcheur et votre beauté, votre modestie et votre douceur, sans compter la possession inestimable de votre idéale personne, seule conquête qu'un amant vraiment épris doive ambitionner chez une femme de votre valeur.

Dans le piquant parallèle que vous tracez, d'une plume si alerte, vous m'exposez encore que le N° 1, qui s'est distingué pendant la guerre, a de l'avenir, qu'il peut aspirer aux grades supérieurs, tandis que son modeste émule tout au plus sera capitaine. Pour le présent comme pour l'avenir, c'est donc une rente plus arrondie, un plus gros revenu. Et, quand vous serez veuve — selon la loi de nature, me dites-vous, mon mari, de dix ans plus âgé que moi, aura la galanterie de partir le premier — vous prévoyez encore une différence sensible dans la pension. Vous raisonnez non seulement comme une maîtresse femme, mais comme un vrai notaire, je vous en fais mon sincère compliment.

Pour d'aussi bonnes raisons, votre candidat est le mien, et je vote d'emblée pour lui. De nos jours, l'argent est tout; s'il ne fait pas le bonheur, il en est la plus grosse moitié. Aveugle qui méconnaît cette élémentaire vérité, et vous ne l'êtes certes pas.

Sur ce, ma toute belle, je dépose à vos pieds mignons les respectueux hommages du plus humble de vos sujets.

DIDIER, notaire.

Ironiste distingué, ce garde notes n'eût osé adresser à une autre qu'à la sotte pédante qu'il

connaissait si bien, cette lettre ridiculement déri-
soire. Malheureusement, elle fut acceptée comme
monnaie de bon aloi, et le conseil dont une
honnête femme eût souffleté l'insolent auteur,
pris au sérieux.... En conséquence, je fus la
victime désignée par cette intéressante consultation. Mon pauvre camarade l'a échappé belle ;
je me flatte de lui avoir sauvé plus que la vie.

Est-il nécessaire d'ajouter que les éloges si
impudemment prodigués à la belle par le tabel-
lion moqueur n'étaient qu'une facétie de goût
douteux ? On y sent le dépit secret de voir échoir
à une indigne, un parti qui eût été le bonheur
peut-être pour l'une de ses deux aimables filles,
trop délicates d'ailleurs — j'ai fait depuis leur
connaissance — pour conquérir un mari par de
semblables procédés.

Autre trait de Mme Philogone qui, entre deux
crises d'épilepsie, ne dédaignant pas les jeux d'esprit, disait un jour à sa bonne : « J'attends mon
embarras ! » Celle-ci comprenant tout autre chose :
« Mais non, fit-elle en pouffant de rire, c'est de
mon mari que je parle. » Touchante affection !

La veille du procès, rendu chez mon avocat,
nous compulsâmes les pièces recueillies : « Voilà,
dit-il, l'air épanoui, un riche arsenal, il s'agit de
bien manier ces armes. Si la Cour n'est aveugle et
sourde de parti pris, nous avons cause gagnée. »

Le grand jour arrivé, je pus suivre, en effet, sur le froid visage des Conseillers, l'impression profonde produite par une série d'accablantes dépositions que vinrent corroborer, irréfutables preuves de duplicité, les catégoriques déclarations de ses médecins, la lettre si modérée de son hôtesse allemande et enfin, tracée de sa propre main, la nomenclature des tares rédhibitoires de la drôlesse. Non moins édifiante était la lettre hilarante du perfide mystificateur, qui dérida les juges. « Est-il possible, semblaient dire leurs mines stupéfiées, qu'il s'agisse ici de personnages d'éducation et de rang supérieurs ! »

Redoutant de se voir décocher de cruelles vérités par un avocat connu par ses coups de boutoir, aucun des membres de « *l'honorable famille* » ne parut à l'audience.

Bref, mieux armé, mieux défendu, je fus plus heureux qu'à Epinal. La pension que j'avais à servir à ma chaste épouse était réduite à six cents francs. A l'âge de six ans, l'enfant me serait remis avec pension annuelle de deux cents francs. Les frais des deux procès étaient partagés.

La Cour, un peu sous l'influence du jugement d'Epinal, et beaucoup sous celle d'un conseiller, propre parent de M. Beffut, n'avait pas rendu l'arrêt espéré non moins par mon défenseur que par moi-même.

Ce n'était qu'un demi-succès, une demi-satis-
faction dont force fut de me contenter.

Matériellement débarrassé de la drôlesse qui
m'avait si bien joué, mais à laquelle me rivaient
encore les liens du mariage, je ne pouvais lui
interdire mon nom que, seul, eût pu lui enlever
le divorce.

A la nouvelle de son désastre, coup de Wa-
terloo, pourrais-je dire, suivant de si près son
Austerlitz, profonde fut la stupeur de la famille
Idou consternée..... Il fallut, hélas! déchanter.

Quoi! disparus pour toujours, ce revenu de
tout repos si amoureusement escompté, ces
beaux écus trébuchants et sonnants, prometteurs
et gage de voluptueuse oisiveté! Quoi! perdue
sans retour cette grasse pension de retraite elle-
même, couronnement d'une vie si honnêtement
remplie!... Tant de savoir-faire et d'industrie
déployés en pure perte! Et ce triomphal festin et
ces virulents articles, enfants de laborieuses
veilles, consacrant à ses frais la défaite et la
honte de l'ennemi, n'avaient été qu'une cause de
réclame, de parade et de dépenses inutiles...
Quoi! tous ces beaux rêves à jamais évanouis!...
Ah! c'était à douter de tout, même du génie;
c'était à perdre la raison!...

L'ami dont j'ai parlé, devenu le mien après
avoir été celui d'une famille dont l'ignominie
l'avait écœuré, a raconté que Mme Philogone,

s'en prenant à sa mère de sa déconfiture, lui
lança, dans un accès de fureur, son vase noc-
turne à la tête.

Echevelée, affolée, sanglante et hurlante, la
vieille, pour se désinfecter, courut se jeter dans
un bassin du jardin, et, comme c'était l'hiver et
qu'elle ne put s'en retirer seule et à temps, un
refroidissement faillit priver l'humanité de sa
précieuse personne.

L'arrêt de la Cour de Nancy était du 9 janvier
1879, date, si ma mémoire est fidèle, de la chute
du gouvernement des curés que, moins que moi,
personne n'avait lieu de regretter.

Fataliste, je verrais avec sa défaite la curieuse
coïncidence de ma propre victoire, si durement
achetée sur ses noirs séides.

Cet arrêt fut pour le prestige de « *l'honorable
famille* » un coup funeste.

Selon la loi des contrastes, l'échec fut d'autant
plus retentissant que le succès avait eu plus
d'éclat.

Et puis, les langues commençaient à se délier;
ce qu'on chuchotait hier se clabaudait ouvertement aujourd'hui. Malgré sa dignité de com-
mande, le triste Principal n'imposait plus; son
brelan de dames pas davantage... grandeur et
décadence, splendeur et misère de courtisanes!
— Ils ne pouvaient plus, sans s'exposer à des ricanements insolents, à des allusions transparentes,

à des sarcasmes cruels, affronter le pavé de la ville qui, maintenant, leur brûlait les pieds.

Sentant la nécessité de disparaître, le pauvre homme aux abois eut encore une fois recours à son puissant patron. Il obtint changement et avancement, nouvelle preuve que le mérite et la vertu sont toujours récompensés.

La veille du départ, pour ses visites d'adieu, il trouva partout portes closes; devant cet affront, mesure de sa considération, il se décida à quitter de nuit, furtivement, une ville où il ne laissait ni estime, ni sympathie, ni regrets.

C'est à Valence, un des plus agréables chefs-lieux du midi, que la main dispensatrice des faveurs, comme couronnement de sa brillante carrière, venait de lui réserver une grasse sinécure avant une grosse retraite. Pour compenser sa somptueuse demeure et ses frais ombrages, il allait jouir ici d'une situation deux fois plus avantageuse.

Précédé de sa renommée, qui lui valut un accueil plus que réservé du personnel dont il devenait le chef peu recommandable, mais obligatoire, il s'installa avec sa femme et ses filles qui, dans ce milieu nouveau, caressaient l'espoir de se refaire, sinon une virginité, du moins une réputation de meilleur aloi qu'à Toul. Dans sa tendre sollicitude, la sensible dame qui, mieux que personne, savait que la nature a ses exi-

gences, n'avait pas permis que « *sa cher file,
que sa mignone* » fût à la fois sevrée de toute
consolation. Si le bel abbé, rivé à son poste,
avait dû se séparer d'une famille qu'il considé-
rait à bon droit comme sienne, la prévoyante
maman avait conservé son autre demi-gendre,
factotum qui jouissait de l'absolue confiance de
« *l'honorable famille.* »

Mme Philogone n'avait eu garde d'oublier son
fils, alors âgé de deux ans, dont la pension
n'était pas à dédaigner.

Quant à moi, naufragé du mariage, et n'espérant plus d'autre enfant légitime, je voyais en
celui-ci une planche de salut où je me crampon-
nais désespérément. L'absence et le temps, loin
de me faire oublier, ne me rendaient que plus
cher cet unique héritier de mon nom.

O faiblesse, ô exagération d'un sentiment généreux ! Malgré ma détresse, outrant mes privations, j'avais poussé l'inconscience au point d'assurer l'avenir de ce produit véreux d'adultère....
A ma mort, en effet, devait lui être versée une
somme ronde de dix mille francs et la satisfaction de mon sacrifice me rendait moins amer le
pain que j'arrosais de mes larmes.

Que les malheureux — ne sont-ils pas légion ?
— qui, comme moi, ont été le jouet d'une drôlesse, me jettent, s'ils s'en sentent le courage,
la première pierre....

Redoutant de sonder l'abîme d'infamie que je ne faisais alors que pressentir; éprouvant, comme les croyants chez qui la foi est aveugle, un irrésistible besoin de foi et d'affection, je n'osais douter de l'être qui en était l'objet.

La distance ne me permettant plus de le voir chaque mois, j'avais — compensation sentimentale — garni ma cheminée de ses photographies, et fidèle à la ligne sévère que je m'étais tracée, je m'interdisais tout plaisir, toute distraction.

En évitant tout écart de conduite, j'enlevais à mes ennemis aux aguets tout motif de me priver d'un fils qui, me semblait-il, allait apporter un peu de bonheur dans mon intérieur désolé, et je comptais les jours qui me séparaient encore de cet enfant, désormais ma seule famille.

La date, impatiemment attendue, approchait, mais on n'entendait se dessaisir ni de l'enfant ni de sa pension, l'un de l'autre inséparables. D'où nouveau procès.

Vainement j'invoquai l'arrêt de Nancy. Suivant sa tactique le perfide Idou fit, une fois encore, intervenir l'omnipotent compère qui, tenu par je ne sais quel occulte pacte, n'avait rien à lui refuser. Le bas-âge de l'enfant, son bien-être, sa santé délicate, les soins intelligents et dévoués de sa mère (!) de son aïeule (!!) et de sa tante (!!!) l'intérêt primordial de ses études tels furent les spécieux arguments invoqués par un avocat, comme maire de la ville, on ne peut mieux choisi. Ignorant le sort tragique de ma fillette, le tribunal, encore une fois, donna gain de cause à l'intrigue et me condamna pour trois ans encore au désespoir de la solitude.

La perte de ce procès me fut non moins onéreuse et sensible que celle du premier.

J'avais demandé, pour le suivre, une permission de vingt jours. Après ma nouvelle déception je rentrai chez moi, d'autant plus désolé que j'avais jalousement préparé pour fêter le précieux enfant, une jolie chambre avec une profusion de fleurs et de jouets et engagé pour remplacer, ou plutôt pour lui donner une mère, une parente veuve qui venait de perdre un fils de même âge,

# CHAPITRE XVI

## DIVORCE

La loi Naquet, depuis tant d'années appelée de mes vœux et de ma plume (Art. du 26 avril, *Petit National* et 4 novembre 1879, *Voltaire*) était enfin promulguée, et j'entrevoyais le moment de recouvrer ma liberté, si imprudemment aliénée. C'était un quatrième procès, mais quelle qu'en fût l'issue, il m'apportait la délivrance définitive, et j'éprouvais, à cet espoir, la joie du forçat dont on va briser les fers.

Je ne serais donc plus l'éditeur, dont la malignité publique me rendait sottement responsable, des débordements d'une dévergondée ; je pourrais enfin soustraire à l'infamie le nom si humble, mais si pur, si vénéré de ma mère.

Mais, pour y arriver, il fallait lutter, plaider encore ! Le procès odieux qui avait ruiné et tué la pauvre femme, ma propre inexpérience aux prises avec les subtilités de la chicane m'en avaient donné la nausée. Plus volontiers j'avais affronté la charge que le prétoire, où la parole est plus cruelle que le sabre. Je n'étais pas fait pour ce genre de bravoure.

Il en était autrement d'un adversaire aguerri à la procédure, enhardi par le succès, comptant dans son jeu une puissance du jour et un avocat-maire au double prestige du talent et de la situation, et, par ces personnages, disposant encore une fois de la magistrature travaillée par une haute influence et de sourdes menées.

Sur la barre, son défenseur avait dressé une énorme pile de volumes sous le poids desquels il comptait bien m'accabler.... Dans une savante compilation, il démontra par une interminable série de citations médicales, que l'hystérie, que l'épilepsie, que la démence ne sont pas incurables, et que, s'il en avait été ainsi pour l'épouse infortunée, j'en étais l'unique et inexcusable cause.... Et là-dessus, de recommencer l'apologie, le panégyrique de la victime et le dénigrement consciencieux, l'éreintement impitoyable du bourreau....

Pendant qu'il pérorait, sa voix tantôt éclatante et mordante, tantôt pathétique et attendrie m'avait plongé dans une sorte d'hébétude, de douloureux cauchemar semblable à celui que doit éprouver le prisonnier ligotté et impuissant que des cannibales s'apprêtent à dépecer.

A entendre l'insidieux gloseur, ce qui m'avait séduit dans ma fiancée, ce n'était ni sa beauté ni sa jeunesse, aujourd'hui flétries par la douleur et les larmes, ni ses vertus touchantes, ni ses talents distingués, ni en un mot, ses incomparables qualités ; c'était sa dot que j'avais convoitée, sa dot seule, d'un chiffre inespéré pour un officier de mon âge, de mon mérite et de mon avenir.

Egoïste et cupide, je m'étais vengé sur l'innocente épousée des déceptions d'un abject et vil intérêt. Cette enfant au cœur si confiant et si soumis, si aimant et si dévoué ; cette douce et tendre vierge avide de renoncement et de dévoucment, altérée de l'affection et des joies de la famille, s'était arrachée au toit paternel, témoin de sa riante jeunesse, aux baisers et aux larmes de sa mère, pour suivre l'époux de son choix, l'élu de son cœur. Mais au lieu du nid moelleux et capitonné d'amour qu'elle rêvait sous un toit tutélaire, frileuse oiselle qui cherchait la chaleur d'un cœur ami, qu'avait-elle rencontré ? L'astreinte rigoureuse d'une servante aux plus dures obligations d'un intérieur nécessiteux ; au lieu de l'époux prévenant et empressé qu'elle était en droit d'espérer, qu'un maître exigeant et impérieux, un despote impitoyable ; au lieu des petits soins et des tendres égards, manne spirituelle de l'âme féminine, que le mépris, la

froideur et le délaissement ; au lieu des secours
de la science qui l'eussent sauvée, l'éloignement
systématique et intéressé qui l'a perdue, des
hommes de l'art.... Qu'avait-on fait de cette
exquise sensitive, délicate fleur de choix, élevée
et grandie comme en une serre dans un milieu lit-
téraire (!) et artistique (!!)? Une femme de charge
réduite aux basses besognes répugnantes de la
cuisine et du ménage. D'une santé jadis floris-
sante, une santé irrémédiablement détruite,
condamnée peut-être à la... « Mais ici, haletait
l'avocat, je m'arrête épouvanté !... Et l'auteur
indigne de pitié et de pardon, le criminel artisan de ces infirmités et de ces maux, de cette
vie misérable et déchue, vous l'avez, Messieurs,
concluait-il, devant les yeux ! » C'était mieux
encore qu'à Epinal ; le brillant avocat-maire
s'était ici surpassé ; un instant même j'avais
craint pour ma tête.

L'active Principale, de son côté, n'avait né-
gligé aucun élément de succès. Dans l'auditoire
féminin convoqué par sa diligence, l'éloquente
plaidoirie provoqua une explosion d'indignation
et de larmes. Procédé consacré par l'expérience.
De nouveau, je vis se tourner contre moi des
yeux enflammés, des visages grimaçants et furi-
bonds, des poings menaçants, tandis que de
vieilles dames, à grand renfort de flacons et de
sels, s'empressaient autour de l'intéressante vic-

time inanimée, succombant sous le poids trop lourd de tant d'épreuves accumulées sur sa faible tête!...

Mais voici le coup sensationnel réservé pour l'assaut final.

Sur requête de l'avocat-maire, le président fit évacuer la salle en raison d'une révélation de nature délicate réclamant le huis-clos....

Alors qu'il était encore à Toul, j'allais voir mon fils tous les mois; c'était ma seule distraction, mon seul bonheur. Un jour d'été, le trouvant malpropre, je le conduisis au bain, accompagné de sa bonne. Quand je l'eus lavé, épouillé, frictionné, je l'étendis sur un peignoir et me mis à jouer avec lui. Rafraîchi et dispos, l'enfant se débattait, se roulait, me présentant tantôt une face, tantôt une autre, et, joyeux comme lui, je l'embrassais sans trop savoir où...; quel père, quelle mère n'en a fait autant?

L'intéressante soubrette qui, dans son double rôle de séduction et de cambriolage, avait si bien secondé la dame Idou, lors du procès d'Epinal, était restée à son service comme bonne d'enfant, les deux malfaitrices liées par la complicité de leur infamie. La tentatrice déçue, qui ne m'avait pas pardonné son échec, se trouva scandalisée de mes caresses, et sa pudibonderie y vit une atteinte à la pudeur. Comme d'une aubaine, elle se fit près de ses dignes patrons mérite d'un prétendu constat que leur haine outrée jusqu'à la détestation et la scéléra-tesse, grossit en attentat. Telle est la ridicule ineptie que le délicat personnage, jugeant d'au-trui sur soi, eut l'impudence d'étaler devant le tribunal !

Ne laisse-t-elle pas supposer qu'il était lui-même un satyre aux mœurs incestueuses et ina-vouables ?

Par prudence, il s'était fait accompagner d'un garde du corps, rustre robuste, de même que lui jadis pion de son métier, que l'industrieux père, jouant toujours de sa fameuse propriété, avait capté pour sa seconde fille. Aussi distingué de nom que de tournure, il s'appelait *Torchon*, dont il avait fait le vocable moins vulgaire de *Trochon*. Indifférent à sa moralité il avait entre-vu dans l'influence beau-paternelle un avance-ment illimité qui se réalisera par les mêmes procédés. Un avenir prochain verra censeur ou proviseur le sieur *Torchon*, non, *Trochon*.

Changer de nom, de mœurs, même de conscience,
   Pour l'intrigant, tout cela n'est qu'un jeu.

De même pour son fils. Aussi outrageusement nul et myope que les siens, militaire aussi borné de vue que d'esprit, incapable de distinguer à trois pas un cuirassier prussien d'un fantassin français, mais insolemment pistonné par son père… naturel, sa transcendante ineptie, sa plate courtisanerie seront bientôt récompensées par la double étoile de général. Ah ! pauvre armée, quand donc seras-tu, quand donc serons-nous débarrassés de ce ver rongeur, le favoritisme !

Exaspéré de l'ignoble factum, je bondis sur le lâche malfaiteur pour le souffleter, mais saisi et paralysé par quatre bras puissants, ceux du greffier et du dit Trochon, non, Torchon, je ne pus que cracher à la face du misérable tout mon dégoût et tout mon mépris.

Mon avocat se contenta de répondre que ce n'était pas au mari, mais aux parents coupables de son état, à guérir leur fille. C'était la riposte indiquée, et sa stupide invention resta pour compte à son auteur.

Le jugement de divorce, confirmant les dispositions précédentes, l'enfant devait m'être remis, sa neuvième année révolue, pour être placé dans un collège jusqu'à dix-huit ans.

Quant au pauvre Principal, le coup de massue dont il avait cru m'assommer retomba sur lui. Honni par l'opinion publique retournée ; renié par son tuteur même, il fut réduit, sa retraite liquidée d'urgence, à la prosaïque ressource d'aller planter ses choux. Sous les frais ombrages de sa « *belle propriété* » il peut aujourd'hui comme le grand proscrit qu'il singe, se livrer à de tristes méditations sur les vicissitudes humaines.

D'un relevé rigoureux, il appert que mes divers procès s'étaient élevés au total modique de *neuf mille six cent quatre-vingt-dix francs vingt-cinq centimes*. Et l'on dit que la justice est chère en France !

Entre le procès de séparation du 29 août 1878, et celui de divorce du 27 juin 1885, sept ans s'étaient écoulés ; il ne m'avait pas fallu moins de temps pour sortir de l'abominable piège où, dans un jour de malheur, m'avait fait tomber un mouvement irraisonné d'aveugle compassion.

*Cui fidas vide !*... Méfiance est mère de sûreté ! C'est du malheur de ma vie que j'ai payé l'oubli de cet adage. Puisse mon exemplaire aventure empêcher des mariages aussi inconsidérés, et ma perte être pour d'autres le salut....

# CHAPITRE XVII



## AUTRES MÉFAITS D'UNE HYSTÉRIQUE ALCOOLIQUE ET... AVARIÉE

Si malheureux avec la mère, avais-je lieu d'espérer du fils, dont la possession m'avait tant coûté, un dédommagement d'affection et de bonheur? C'était hélas! j'allais bientôt m'en apercevoir, une plus triste conquête encore que la première.

Que ne me suis-je alors désintéressé du rejeton d'une race impure! Que de chagrins, de plus en plus affreux, je me serais épargnés!

Ordre du tribunal, le sieur Idou devait me le remettre à Melun le 1er août 1886. Afin de l'embrasser plus tôt, j'allai le prendre à Nancy, chez un avoué désigné.

Constatation faite de son état de malpropreté, je me rendis à Toul pour revoir et fleurir une petite tombe toujours aussi chère, puis, au lieu de rentrer à Melun, je conduisis l'enfant chez ma sœur, au bord de la mer, que je lui croyais favorable.

Là, partageant les jeux d'une cousine, d'une sœur de son âge, et surveillé par le médecin de la famille, il connut enfin le bien-être et les soins maternels.

Entré comme interne au collège de Melun, il me fallut le pourvoir d'un trousseau complet, car on me l'avait remis dépourvu de tout. Là le chétif enfant, bien que fortifié par une cure saline, retomba malade. Rétabli à force de sollicitude et d'attentions, il prit place dans la classe enfantine.

Non sans stupéfaction, je constatai que, malgré son âge, cet élève qui, au collège de Valence, avait, dans un but facile à comprendre, remporté tous les premiers prix, était ici constamment le dernier.

Attribuant cet insuccès à sa débilité, je le confiai, aux vacances, encore une fois, à ma sœur. Après bien des hésitations, la pauvre femme me révéla certaines particularités étranges. Un matin, pendant que se préparait le café au lait de la famille, le drôle l'avait sucré de cendres; une autre fois, c'était un plat de poisson, assaisonné de sable.... N'osant encore comprendre, je priai ma sœur de l'excuser, attribuant ces lubies à sa santé délicate.

Bientôt se révélèrent d'autres originalités plus inquiétantes; tantôt il bourrait sa bouche d'ordures ; tantôt, cleptomane incorrigible, il cachait tout ce qui lui tombait sous la main. A ces symptômes, qui s'aggravaient avec l'âge, je reconnaissais, non sans terreur, l'héritage maternel : mêmes bizarreries, même hébétement, même dépravation sensorielle, même perversion mentale.

A l'une de mes visites journalières au collège, le principal me prenant à part :

— Je vais, dit-il, vous parler contre mon intérêt, mais dans le vôtre. La place de votre fils n'est pas ici ; tâchez de lui procurer un bon métier ; c'est un conseil d'ami que je vous donne.

Cette franchise militaire, ce loyal avis, je n'en sentais que trop la justesse, mais, utiles ou non, le triste élève devait faire des études ; ainsi en avait ordonné la sagesse d'un tribunal ; c'est ce que je fis observer.

— Tant pis, répondit le consciencieux fonctionnaire, il y perdra son temps et vous votre argent.

Puis, me tendant quelques livres maculés, déchiquetés, en lambeaux :

— C'est chez lui, comme de se ronger les ongles, un irrésistible tic ; quelques heures lui suffisent pour en faire des loques illisibles.

A la fin de l'année scolaire, rentrant chez moi, l'aimable enfant lança livres et cahiers dans la Seine, pour n'avoir plus à s'en servir.

Navré de ces écarts, mais me refusant encore à l'évidence, je le confiai comme précédemment à ma sœur.

Echo des trois folles qui avaient détraqué sa pauvre cervelle, il racontait que j'avais martyrisé sa mère, voulu l'empoisonner. « *Canaille, assassin* » c'est en ces termes amènes que parlait en lui la voix du sang. Pour couper court à ce scandale, ma sœur, indignée, dut plusieurs fois le mettre à sa porte.

Au collège de Châlons, au lycée d'Angers, mes dernières garnisons, toujours à la queue de sa classe, ses professeurs ne s'occupaient même plus de lui. Par contre, j'avais à rembourser, chaque année, force dégradations scolaires.

Après deux ans perdus au lycée d'Angers, dont il venait d'être chassé, je le plaçai au collège de Pont-à-Mousson d'où l'on m'écrivit bientôt qu'en raison d'un acte inqualifiable, je devais le retirer immédiatement.

Pour me permettre d'aviser, je priai de l'adresser à sa famille maternelle qui refusa de le recevoir.

Je déplore la conduite de mon petit-fils, s'excusa le sieur Idou près du principal, mais vous n'avez affaire qu'au père pour vous décharger d'une responsabilité qui n'incombe qu'à lui seul... qu'il s'en tire comme il pourra ; je m'en lave les mains.

Idou.

On sent ici percer une joie perverse. Aussi

longtemps qu'il avait représenté une rente, on n'avait pas voulu se dessaisir du vaurien, maintenant qu'il ne rapportait que des ennuis, on le lâchait sans façon.... Et puis sa majorité approchant, on aimait mieux le voir à mes crochets qu'aux siens.

Nos galants y voyaient double profit à faire :
Leur bien premièrement, et puis le mal d'autrui.

Cependant, après force démarches, le collège de Mirecourt avait reçu l'intéressant sujet qui, sous prétexte de changement, s'étant défait de son uniforme et de ses livres, m'écrivit :

Monsieur, vous ne devez pas ignorer que je n'ai plus rien; veuillez me pourvoir immédiatement. Je comprends qu'il est pénible de s'exécuter, mais, que voulez-vous, c'est la loi : *dura lex, sed lex.*
Vous êtes forcé de me pourvoir de tout jusqu'à dix-huit ans. Si vous l'avez oublié, je connais qui vous le rappellera,

N. Idou.

C'est ainsi que signait le joli jeune homme quand il croyait me chagriner.
Incapable de toute rédaction, le cancre n'était ici qu'un porte-plume. L'auteur de cette péremptoire missive n'était autre que son singulier aïeul. C'est ainsi que sa rancune avait autrefois déchaîné contre moi la rage de trois Furies; qu'en favorisant l'inconduite d'une hystérique

il m'avait mis un autre fou sur les bras ; qu'après
sa fille, achevant d'abêtir son petit-fils, il l'ache-
minait comme elle vers l'asile d'aliénés ou la
maison de correction.

A la fin de l'année scolaire, le collège de
Mirecourt ayant déclaré net qu'il ne voulait
plus du dangereux crétin, j'écrivis, le 10 septembre 1894, au sieur Idou :

Ne pouvant nourrir en rentier votre petit-fils, encore une fois chassé du collège, je vous propose de
lui donner un métier concerté avec vous, et de payer
moitié des frais d'apprentissage dont l'autre vous
incombera. Si non, je le placerai comme domestique.

Me voyant empêtré de son petit-fils, comme
autrefois de sa fille, « *l'honnête homme* » dont
la vengeance n'était pas encore assouvie, exultait
dans son triomphe : « Ah ! vous n'avez pas su
apprécier la fidèle épouse et le bonheur conjugal dont je vous avais gratifié, eh bien ! dédom-
magez-vous maintenant par les joies de l'amour
filial. Tirez-vous de ce pétrin si vous pouvez, ou
plutôt restez dans le bourbier où je me ris de
vous avoir plongé. Haine chez moi passe affection, et jamais votre misère n'arrivera à la hau-
teur de ma rancune ! »

Naturellement, je dus garder pour compte le
garnement renié par sa propre famille.

Il me fallut patienter jusqu'à la conscription, dans l'espoir qu'une ferme discipline redresserait cette nature perverse et rebelle. Il resta donc quelques années encore à mes crochets, dans un désœuvrement absolu, m'enlevant tout repos par l'appréhension d'un mauvais coup.

Voici près de vingt ans, j'avais rencontré, bonheur inespéré pour mon âge, une femme jeune encore, saine de corps et d'esprit — les Philogone Idou sont, heureusement, l'exception — aimable, aimante, enjouée, qui, par la vivacité et la douceur de ses yeux, empreints de sincérité et de bonté, par le charme de sa personne et les grâces de son esprit cultivé, formait avec le hideux repoussoir qui l'avait précédée le plus frappant contraste. Cœur noble, généreux et sensible, me voyant malheureux sans l'avoir mérité, elle me témoigna compassion et sympathie.

Je demandai sa main qu'elle mit avec pleine confiance dans la mienne. J'ose dire qu'elle ne fut pas déçue; aucun nuage ne troubla la sérénité de notre union. Elle me rendit en affection, en tendresse, celle que je lui avais vouée. Réparatrice et consolatrice d'une vie désolée, cette compagne bénie, soutien et joie de mes vieux jours fut, pour le naufragé que j'étais, le port après la tempête.

Elle eût pu me reconstituer une nombreuse et

belle famille, si je ne l'avais, hélas ! connue trop tard. De nos quatre enfants le dernier seul avait survécu. Un soir d'hiver, imprudemment, elle avait laissé seule avec son frère putatif, sa fillette au berceau. Accourue à ses cris perçants, elle trouva le maniaque en train de lui ingurgiter de la cendre.

Vindicatif, haineux et sournois comme sa mère, jaloux des soins dont il n'était pas l'objet exclusif, le vaurien, dans sa rancune longtemps dissimulée, avait saisi cette occasion de se débarrasser de l'enfant tard venue, gênante étrangère qui, selon lui, avait usurpé sa place légitime.

Indigné d'une tentative qui faillit être mortelle, je voulais pour en prévenir le retour, recourir à une maison de correction. Il ne fallut rien moins que l'intervention méritoire de son défenseur habituel pour détourner du bandit le châtiment mérité.

Douce et dévouée, attentive à son bien-être, à sa santé physique et morale, s'efforçant d'atténuer et d'excuser ses incartades, qu'avec une touchante indulgence elle attribuait à sa faiblesse d'esprit, la tendre mère le traitait comme son propre enfant.

Pour le mois qu'il devait chaque année passer dans sa famille maternelle, je le faisais voyager en troisième classe. Proprement vêtu, pourvu de linge et de provisions, ma femme s'étant un jour chargée de le conduire à la gare, prit sur elle de l'embarquer en seconde. Le drôle partit sans un mot pour la noble femme qui, mieux que sa triste mère avait mérité ce nom.

Quelque temps après, toujours préoccupée de son état moral et de sa conduite, elle lui avait écrit.

En termes touchants de sollicitude et d'affection où même ceux de tendresse : « mon cher enfant, mon cher petit, » étaient prodigués, elle lui faisait des recommandations trop justifiées de déférence et de respect. Voici sa réponse :

Mademoiselle, je ne pensais guère à votre désobligeante personne, mais puisque vous avez l'impudence de m'écrire dans ma famille, et de me donner des conseils dont je n'ai pas besoin, je suis bien obligé de vous répondre.

Je connais votre hypocrisie, votre fausseté et votre méchanceté....

... Vous vous êtes conduite envers moi comme une marâtre. Je ne veux plus entendre parler de vous, et je vous interdis de m'écrire.

Recevez, Mademoiselle, l'assurance de mon mépris.

N. IDOU.

Ici se révèle encore le style élégant de l'ex-principal, mais,

Toujours par quelque endroit fourbes se laissent
[prendre;

comme le singe de la fable, celui-ci n'avait oublié qu'un point : c'était, non d'éclairer, mais d'éteindre sa lanterne, en respectant l'orthographe de son rejeton qui, d'ailleurs, n'avait pas plus droit à son nom qu'au mien.

Le temps et les soins, loin de le modifier, ne faisant qu'aggraver son état, je dus m'avouer enfin, à la suite d'un dernier mauvais coup, que j'avais affaire à un maniaque des plus dangereux, et me décider, pour la sécurité des miens, à l'envoyer, le 15 mars 1897, rejoindre sa mère.

L'un et l'autre, enfermés dans un asile d'aliénés qu'ils ne quitteront plus, leur naissance impure fut pour la société une plaie, pour moi un terrible fléau.

Ils subissent le châtiment mérité, la drôlesse et l'intrus qui, comme elle, avait volé mon nom, découverte que je n'ai faite qu'après son internement, c'est-à-dire trop tard.

Le circonspect aïeul, pour ne pas ébruiter une naissance suspecte avait, nous l'avons vu, présidé lui-même avec sa moitié, aussi discrètement que possible, à la cérémonie du baptême. Souvent je m'étais demandé à quoi rimaient les appellations mythologiques trouvées par le docte parrain.

Je suis aussi édifié à cet égard. Ces prénoms harmonieux ne sont autres que ceux du professeur de morale religieuse et du préposé aux dortoirs qui s'étaient partagé le cœur de la mère. Les deux ribaudes, mère et fille Idou, dans l'incertitude d'une paternité douteuse, avaient, pour plus de sûreté, donné à leur fils le nom de chacun des galants de la belle, auxquels, séparément, on avait ainsi prouvé sa paternité.

Le bel abbé répondait au vocable distingué de Narcisse, qu'il justifiait pleinement par la régularité grecque de ses traits, et son humble émule, au nom héroïque d'Hector, qui jurait quelque peu avec son modeste emploi.

Mère et fils, les deux parasites ont lourdement pesé sur ma vie. Mais débarrassé de la sangsue, je ne le serai jamais du vampire. Moitié des frais de son internement incombant au sieur Idou, représentant sa fille interdite, je le citai en justice, Voici la réponse de mon avoué :

M. Idou se refuse absolument à contribuer à la pension de son petit-fils, votre affaire, et non la sienne. Il se dit inattaquable, son domicile légal et ses propriétés étant à l'étranger, et sa pension, insaisissable.

Depuis plus d'un quart de siècle, sans autre titre qu'un insolent passe-droit, la dame Philogone Idou, pensionnaire gratuite d'une confortable maison de santé, y occupe la place d'une plus digne.... Et quand, demain peut-être, sera terminée ma lamentable existence, son fils tom-

bera comme elle à la charge publique. Largement entretenus, exempts de soucis, ils vivront,
l'un et l'autre, oisifs et inutiles, sinon dangereux, pendant nombre d'années, aux dépens de
ceux qui peinent et travaillent et mangent leur
pain à la sueur de leur front....

Minotaure non moins redoutable que le
monstre qui se repaissait de chair humaine, le
sieur Idou a fait d'autres victimes....

Les trois premiers enfants que ma chère
femme, mère aussi tendre qu'épouse fidèle,
m'avait donnés, ont été dès le berceau emportés
par un mal implacable.... Un quatrième a résisté,
délicieuse et adorée fillette au joli sourire, affectueuse, enjouée, heureuse de vivre, que la mort
guette à son tour. Malgré les longues veilles,
malgré les soins jour et nuit prodigués depuis
sa naissance, malgré le plus admirable dévouement, malgré l'intrépide héroïsme d'une mère
disputant avec l'acharnement du désespoir son
enfant au trépas, et luttant corps à corps et pied
à pied contre l'inévitable fatalité, elle subira le
sort des aînés. Tous auront disparu, par moi et à
mon insu, héritiers et victimes de la misérable
maîtresse du garçon de dortoir, don Juan de bas
étage, coqueluche des suspectes rôdeuses du
trottoir....

C'est donc, l'intrus à part, de cinq existences,

sans compter la mienne et celle d'une pauvre mère, brisées, que « *l'honorable* » Idou a fait tort au pays. Parmi nos ennemis en est-il qui, du même coup, nous aient abattu autant de soldats ?

Eh bien ! répondez : l'auteur de pareille hécatombe n'est-il pas le plus malfaisant des malfaiteurs ; n'est-il pas, pour le pays, un opprobre et un fléau ?

Le sort, vous le voyez, a mis de l'acharnement à semer d'épines et de deuils cruels le triste chemin que j'ai parcouru, le cœur toujours déchiré, toujours saignant, et je pourrais, avec Oreste, m'écrier :

Grâce aux Dieux, mon malheur passe mon espérance !

Mais ce n'est pas encore tout.... Le fruit de mes longues privations, pieusement épargné, non pour doter, hélas ! ma petite malade, mais pour adoucir les derniers jours de sa vie chancelante et condamnée, ce peu, si je la précède au tombeau, deviendra légalement la proie de l'odieux usurpateur qui, depuis trente-deux ans, est mon vampire, mon cauchemar et ma honte, tandis que l'enfant adorée, fille de ma chair et de mon cœur, sera réduite à l'hôpital ou à la mendicité !...

O justice française ! ô maquis inextricable d'incohérences et d'iniquités !...

Vous vous souvenez comment, à la suite du dernier procès, l'astre tutélaire de la maison Idou s'était voilé pour toujours.

Le prestige usurpé de « *l'honorable famille,* » tissu d'hypocrisie et de mensonge, avait enfin sombré sous la boue et le dégoût public.

Toutefois, sans l'ultime infamie qui, dépassant la mesure, l'avait enfin démasqué, et surtout sans la chute prématurée de son puissant souteneur, coup de foudre dans son ciel bleu, nul doute que le distingué barbacole, depuis deux ans proposé pour cette nouvelle faveur, n'eût vu sa noble poitrine constellée du signe sacré de l'honneur, pour les éminents services rendus... à l'Allemagne par la dépopulation de la France.

# CHAPITRE XVIII



Reportez-vous, mon ami, aux jours déjà lointains où, légèrement chaussés et vêtus, nous parcourions ensemble une terre aride et dénudée, entourée d'ilots, criques et anses aux formes étranges, de côtes déchiquetées, repaire des anciens naufrageurs de ces parages désolés. Çà et là se dressent, gigantesques champignons de pierre, ou plutôt éternels points d'interrogation, des menhirs mystérieux, énigme indéchiffrable d'un autre âge. Ce lieu perdu, inconnu, au nom espagnol, c'est Port-Navalo, gardien jadis fortifié du golfe du Morbihan.

Revoyons aussi, par la pensée, la côte non moins tourmentée, non moins attrayante qui court du Croisic au Pouliguen, en laissant à gauche le gros et pittoresque bourg de Batz qui vous a inspiré un si joli conte. Nous nous arrêtions émerveillés devant des masses imposantes

de rochers, ossature granitique et rempart inex-
pugnable de la Presqu'île, où la mer en cour-
roux, comme un monstre apocalyptique, avec
des mugissements formidables et terrifiants, venait briser ses vagues écumantes, furieuses et...
impuissantes.

Tantôt aussi, reposant sur la plage, nous lais-
sions la mer apaisée, comme une bête domptée
qui rampe humblement devant son maître, lécher
doucement nos pieds déchaussés.

Et pendant que, joyeux et bruyants, s'ébattait
autour de nous une troupe d'enfants parmi les-
quels les trois vôtres et le mien, vous admiriez,
heureux père, avec un bonheur sans mélange,
nos petits terrassiers creusant leurs canaux
ébouleux, dressant leurs forteresses friables. Et,
contraste à votre joie, vous vous demandiez pourquoi cet air taciturne, étrange, lointain, cette
morne tristesse empreinte sur mes traits étirés.
C'est qu'alors vous ne connaissiez pas encore le
triste secret de ma vie... Au delà des flots bon-
dissants ou calmés, derrière ces jeux gracieux qui
charmaient votre cœur et vos yeux, je voyais,
lugubre tableau! quatre petites tombes encore
verdoyantes, loin d'être encore nivelées par le
temps et l'oubli, celles de quatre petits êtres
disparus avant d'avoir pu marcher leurs premiers pas, parler leurs premiers mots;... près de
ces touffes gazonnées, j'apercevais une autre

tombe entr'ouverte, attendant mon cinquième enfant, celle dont les éclats argentins retentissaient à mes oreilles comme des cris funèbres...

Et voilà pourquoi, pour vous sujet d'étonnement, plus le soleil était radieux, la nature souriante et la joie partout débordante, plus mon visage et mon cœur étaient navrés de tristesse et d'angoisse. « Cette fillette, me disais-je, rose et blanche, gracieuse et douce, qui respire à pleins poumons l'air vivifiant et salubre, saturé de l'arôme des marais-salants, parfumé des œillets sauvages, cette fillette pour qui sa mère et moi luttons en désespérés, cette fillette adorée, notre dernière planche de salut, va bientôt se dérober à nos efforts, terrassée par le terrible mal qui a fauché ses aînés.... »

Parfois aussi, mes yeux rêveurs revoyaient dans un passé, dans un pays éloignés, un spectacle, hélas! tout aussi décevant: une silhouette élancée de jeune fille, souriante, heureuse, appuyant son bras confiant à celui d'un homme jeune encore, dont l'uniforme aux vives couleurs tranchait sur la sombre verdure d'une forêt. Étaient-ils frère et sœur? Non! plus affectueuse, plus intime et plus tendre était leur attitude.... Tantôt il se penchait à l'oreille voisine, au niveau de ses lèvres, pour y déposer un de ces doux secrets dont les oiseaux voisins, se becquetant dans le feuillage, paraissaient jaloux;

tantôt un frais éclat de rire aux trilles perlés,
donnait l'éveil aux amants ailés qui, piqués d'émulation, répondaient en roulades brillantes, moins
harmonieuses que sa voix cristalline.... Tantôt, en
extase, il contemplait son beau visage au parfait ovale ; tantôt ils se souriaient, têtes rappro-
chées et les yeux dans les yeux ; tantôt, ils che-
minaient lentement, les doigts amoureusement
enlacés....

Mais soudain, m'éveillant en sursaut de ce
songe éthéré, je retombais lourdement sur la
terre et le soupir profondément désespéré que
j'exhalais provoquait en vous un cri de surprise
inquiète. « D'où venez-vous donc, ami ? disiez-
vous. Vous voyagiez, il me semble, bien loin
d'ici.... »

Intraduisible par moi, incompréhensible pour
vous était alors ce soupir et ce regret....

Puis, le désespoir et la rage au cœur, je songeais à la cabale infernale qui m'avait arraché
la fiancée rêvée et conquise, et, comme un
aveugle à qui l'on a ravi la lumière, avait fait
de mes jours ensoleillés une nuit désespérément
ténébreuse et profonde. Celle qui s'est crue
trahie et reniée m'a-t-elle jugé conscient, complice ou instigateur du forfait ? C'est ce que je
me demandais, ce que je me demande encore
avec une poignante anxiété....

Et c'est pour la détromper, s'il en est besoin,

c'est pour me justifier aux yeux de la noble créature dont m'a séparé la destinée, que j'ai le triste courage de livrer à une publicité profane ce douloureux récit dont plus d'une page a été trempée de mes larmes.... Peut-être cette lamentable histoire d'un amour déçu, d'une vie brisée, tentera-t-elle, sous l'aspect, sous l'attrait d'un roman nouveau ses yeux intrigués et intéressés.... Peut-être feuilletant négligemment ce volume égaré dans quelque salon, se demandera-t-elle, oublieuse de sa vingtième année, insoucieuse du passé, heureuse du présent : « Quelle est donc cette femme?... » et ne comprendra-t-elle pas.

Mais si, devinant, son cœur peut et veut se souvenir, vengée par une expiation au-dessus des forces humaines, pardonnera-t-elle au coupable qui lui-même ne peut se pardonner? Devant le final désastre, devant le deuil prochain qui va l'emporter, l'infortuné songe, ange déchu du Paradis perdu, à la fiancée charmante d'autrefois qui lui aurait fait la vie si belle et si douce. Il ne peut oublier celle qui fut son premier et dernier amour, celle dont la perte a failli le tuer, celle qu'il ne reverra jamais plus, dont il a même perdu les traces et dont bientôt il sera séparé par l'éternelle nuit du tombeau.

En accents douloureux, en sanglots déchirants, il clame son repentir et son désespoir; il maudit

la rupture scélératement surprise et imposée.
Trop lourd est pour ses derniers jours le remords de sa faute ou plutôt du crime commis en
son nom. Une seule main peut en alléger sa
conscience, une seule voix l'en absoudre...

Mais celle à qui s'adresse, comme du fond de
l'abîme, cet ultime appel, ce cri de détresse,
l'entendra-t-elle encore? Ce livre qu'il lui voue
comme une réparation suprême, parviendra-t-il
jamais sous ses yeux? Sa compassion émue lais-
sera-t-elle enfin tomber une parole amie, une
parole d'indulgence pour celui qui va mourir?
Aura-t-il, avant de déposer le lourd fardeau de
la vie, la suprême consolation de se savoir enfin pardonné? Faudra-t-il qu'il emporte dans la
tombe l'horrible cauchemar qui, depuis tant d'années, pèse sur sa vie inconsolable et désolée?
Devra-t-il, après avoir tout perdu, renoncer,
comme les damnés de l'Enfer du Dante, à toute
espérance?

Cruelle énigme!...

# TABLE

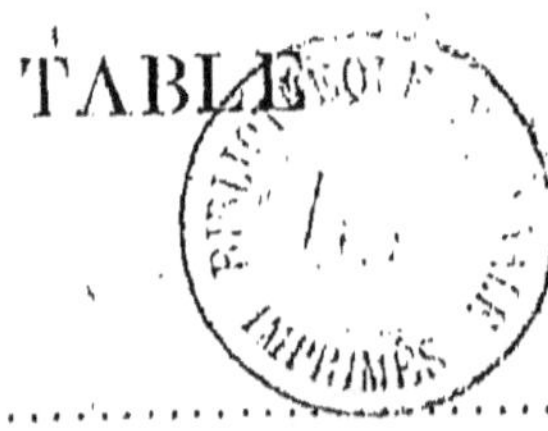



LA ROCHE-SUR-YON. — IMPRIMERIE CENTRALE DE L'OUEST.